上海市2012年度“阳光计划”

懂你

道德教育的语言艺术

陈果 著

山东画报出版社

图书在版编目（CIP）数据

懂你：道德教育的语言艺术 / 陈果著. —济南：山东画报出版社，2016.6（2019.3重印）
ISBN 978-7-5474-1826-0

Ⅰ.①懂… Ⅱ.①陈… Ⅲ.①品德教育—语言艺术—中国 Ⅳ.①D648②H05

中国版本图书馆CIP数据核字（2016）第084650号

责任编辑 秦 超
装帧设计 宋晓明
主管部门 山东出版传媒股份有限公司
出版发行 山东画报出版社
社 址 济南市经九路胜利大街39号 邮编 250001
电 话 总编室（0531）82098470
市场部（0531）82098479 82098476（传真）
网 址 http://www.hbcbs.com.cn
电子信箱 hbcb@sdpress.com.cn
印 刷 济南龙玺印刷有限公司
规 格 130毫米×185毫米
5印张 120千字
版 次 2016年6月第1版
印 次 2019年3月第14次印刷
定 价 24.00元

序

生命的语言

语言是有生命的，语言本身就是生活的一部分。语言不仅通过概念和命题描述世界中的对象和论述我们的思想，而且直接表达我们生命活动中的意愿和情感。对于前者，学界历来较为重视。人是理性的动物，谁不知道理智的重要呢？要使用正确的概念、规范的语句和严密的逻辑，表述我们所认识的有关客观世界的事物及其规律，这当然十分重要，并继续是我们需要提高的方向。然而，仅仅注意用抽象的概念文字表述理论理性的东西，忽视语言与人的生活形态的活生生的关联，就如同干涸的渠道，不再能用活水滋养生命了。人的生存是知情意的综合体。没有信念和激情，人就没有志向和活力，做事情就没有动力。人在语言交往中生活。语言交往要真、要诚、要有感染力。人无信不立。人通过语言交往浇灌信念，激发情感，建立共识，祛恶扬善。精诚所至，金石为开；真情所致，铁树开花。诗言志，歌传情；舞动起来的语言，打动人们的心灵。

陈果的书，来自她的教学实践。她的想法具有原创力，不是从教科书上搬下来的大道理，而是在与学生互动的讲课中体会出来的心得。她用以论述的资料是第一手的，她所举的例子生动活泼，她的观点透彻鲜明，好似原野中的草、丛林中的果，洋溢原生态的活力。我想学生喜欢听她的激情四射的讲课，读者也会从她睿智灵动的书稿中获益匪浅。

张庆熊　谨识

2016年2月26日于复旦光华楼

序

我心懂你心

很多人把道德理解为一套为维护社会秩序而不得不采取的理性原则和行为规范。其实，道德究其实质就是一个人对另一个人的关爱、一颗心对另一颗心的理解。

人与人在个性上纵有天壤之别，共性却还是大于差异——生老病死、悲欢离合、人生的阴晴圆缺以及与此相伴的喜怒哀乐……大同小异。这些共性构成了人性的普遍基础，也给予了人与人相互沟通、彼此理解的可能。

人与人之间的这份理解便是一切善意的起点。

那些特别美好的情感，追根溯源，往往植根于一个“懂”字——所谓知己，就是懂“我”的人；所谓爱情，就是懂“你”的心；所谓诚意，就是愿意将心比心、感同身受，尽心尽力去读懂生活和读懂生活中的“人”——懂生活的奇妙与艰辛，懂人性的单纯与复杂……所谓道德，就是一个人懂得善心之难能可贵，于是对他人的相助生出了感恩；懂得无可奈何之痛苦，于是对他人的进退两难生出了同情；懂得伤害之不可逆转，于是对自我的恶行生出了忏悔；懂得人非圣贤，于是对他人的过错生出了宽恕……一个“懂”字，包含了很深的诚意，体现了很纯的爱心，可谓人情世界之臻品，真善美之别名。

道德教育的关键所在正是要激发人与人之间这份设身处地的相互理解、以我心懂你心的感同身受，进而在此基础上身体力行，有所作为。

本书正是致力于在当下的道德教育中，在现行的理智语言外，探索和发现别一种道德教育语言：它具有精神之穿透力，能突破此心与彼心之间的坚实壁垒，能借由个性通达普遍人性，能唤醒与生俱来潜藏在我们自然天性内的善的种子，能照见灵魂里那个更美好的“人”、那个更真诚的“我”。

陈果

2016年5月17日

复旦大学光华楼

前 言

我国对社会道德教育向来重视，长久以来投入的人力、物力、财力自不必多说，单从学校教育来看，无论是学前教育、基础教育还是高校教育，都开设了相应的道德教育的必修课。可以说，我们每个人都是经历了从小到大一路学校道德教育的培养长大的。然而近年来社会上屡见不鲜的道德失范状况、犯罪人群低龄化趋势，以及频频发生的大学生违法犯罪现象似乎在向我们暗示：虽然道德教育备受重视，但它实际取得的教育效果却不那么理想。事实上，我们不难发现，虽然人们发自内心渴望并追求一个健康向上的社会整体道德风气，但对我们现有的道德教育能在现实生活中发挥多少净化心灵、祛恶扬善的实际成效，人们似乎并没有对此抱以很高的期待。原因何在？——我对这个问题一直十分关注。

如果对当前我国道德教育业已具备的种种条件细加盘点，我们会发现，其实现有的道德教育已然拥有了一个可供长足发展的良好基础和高端平台：首先，从当下教育者的学历背景来看，绝大多数教师具有高校本科以上学历，硕士、博士也比比皆是。就我所在的大学道德教育教师队伍而言，清一色是来自各个学科的博士——哲学博士、经济学博士、法学博士、美学博士……其中不少还有国内外名校的教育背景。由此可见，我们现有的道德教育工作者在知识体系和理论素养方面可谓实力雄厚、阵容强大。其次，从现有的道德教育的教材来看，形式更为多样，内容更趋丰富——理论推导、案例解析、名言警句、疑难解答一应俱全，为我们的道德教育提供了广泛充分的选择。再者，从道德教育的思想资源来看，相比于过去，现今飞速发展的高科技赋予了我们更宽广的视野，使我们有机会接触到更多古今中外、东西南北的道德精论，更无碍地领略道德星空自古至今熠熠生辉的灿烂群星，使它们成为我们开拓和深化道德教育的可持续源泉，成为我们激发善念和唤醒德性的无穷智慧宝藏……

如此优厚的发展条件、如此壮大的师资队伍、如此丰富多样的教材资源、如此深不可测的古今道德智慧，那么究竟是什么妨碍了我们的道德教育真正深入人心，在现实生活中发挥作用？为什么它们不能像那些数千年前古老的诗词歌赋那样，虽日久年深，至今仍脍炙人口，被人们广为传唱？为什么它们不能像很多宗教语录那样一经言说便能使人顿感醍醐灌顶、茅塞顿开，进而心悦诚服、五体投地？是什么阻挠了我们在道德教育中教授的那些善的信条与美的结论被人们铭记于心并广为流传？笔者以为这其中——语言表达方式，或者更准确地说，道德教育的语言艺术是一个至关重要的因素。上述所指的诗歌的语言与信仰的语言一定有某种独特的“秘方”，能赋予语言内容一种引人入胜的风味，而这一风味或许正是我们当下的道德教育有所欠缺并亟待开发的。

我这本小书就如何提高道德教育的实效性这一现实问题为出发点，以现有的大学道德教育语言为立足点，以非理智语言（non-rational expressions）为研究主体，以信仰语言、诗歌语言以及形体语言为例,从哲学、文学、宗教学、心理学、伦理学以及传播学角度来探讨和阐释理智语言（rational expressions）与非理智语言（non-rational expressions）各自的特点与优势、在道德教育中所应承担的不同分工，进而厘清非理智语言的三种主要类型——即信仰语言、诗歌语言、形体语言——各自在道德教育中所具有的不可替代的独特价值、各自与道德教育的契合点，以及在实际教育过程中对这三类非理智语言加以合理运用、使之尽显神通的具体实践方法。由此进一步探索理智语言与非理智语言在当下的道德教育中如何取长补短、相辅相成，合力彰显“道德”的美好全貌——以理智语言阐明道德的逻辑性与合理性，以信仰语言言说道德的超越性与崇高感，以诗歌语言展现道德的优美感，并以形体语言直观地说明道德的内在亲和力——通过这样的教育语言的拓宽与丰富，使我们的道德教育能集理性、感性、灵性与实践性等诸多元素于一身，兼具科学与艺术的双重魅力；既富有哲理性，又透着人情味；不但能启发思考，还能观照人心，以此来突破目前道德教育在激发道德信仰和培养道德情感方面所存在的局限性，使之在现有的基础上发挥更深入人心的感召力量，从而实现更切实有效的教育效果。

目 录

引 言

当前社会频频发生的道德失范现象（其中很多与在校学生密切相关）似乎间接表明尽管道德教育在全国各地的大中小学校普遍开展，校方和师生于其中也投入了巨大的时间、精力、人力、财力，然而遗憾的是实际的教育成效似乎并不如意——大多数受教育者在道德教育课堂上习得的知识并没有能够真正进入他们的日常生活，指引他们的现实选择，规范他们的实际行动。据笔者所在的大学的很多大学生反映，他们在大学道德教育中所学到的道德义理、伦理规范虽然在逻辑上具有合理性，在天理人伦上具有正确性，他们在理智上也深表认同，但是它们并不具有心灵的穿透力，不足以使他们为之心动而投入行动，在碰到实际问题时这些正确的理论不具有足够的驱动力，使人自主地将它们转化为自身言行举止的内在动力。他们的头脑清楚地知道什么是对什么是错，也充分地理解“舍生取义”的高尚和“见利忘义”的低俗，但在现实取舍中往往还是会选择那个错的选项，还是会不由自主地贪利忘义，走上知行分离、南辕北辙的道路。他们对此也深感困惑与无奈。“大道理谁不懂？可就是不能真正深入人心”——这是大多数在校学生以及很多社会人士对当下道德教育的实效性的评价和总结。

如此这般的现象背后当然包含了复杂的来自社会、家庭以及个人的各方面原因，但学校道德教育确有不可推卸的责任和有待完善的缺陷。我认为其中很重要的一点便是：我们大多数的道德教育长期以来重理智教育而轻情感教育，重道德义理的分析和阐释而轻道德信念、道德情感和道德实践的激发和培养，具体表现为在道德教育中教育工作者过于依赖理智语言而缺乏对非理智语言的重视、开发和运用，这样做的结果便是如上述所言，人们虽在理智上深谙道德义理的合理性与正确性，却并不真正发自内心理解“道德”作为一种弥足珍贵的信念所具有的崇高性，作为一份温暖人心的情感所蕴含的优美感，以及作为一种躬身力行的实践活动所带来的强大的直观影响力与亲和力。而恰恰是这三种伟大的属性赋予了“道德”对功利世界的超越性和对高贵精神的感召力，正是它们构成了道德打动人心，进而付诸于身体力行的内在驱动力。也正因如此，道德方能成为千秋万代引领人类精神不断成长、不断升华、不断自我突破、不断自我实现的终极动力。

在书中我将针对我国道德教育中长久被忽略因而处于明显弱势的非理智语言（也可以称之为“非逻辑语言”），进行微观而深入的探究——包括超理智、超逻辑范畴的信仰语言，非理智、非逻辑范畴的诗歌语言（其中包括了“静默”这一类特殊的诗歌语言），以及有别于常规语言的表达类型——如“口头语言”或“书面语言”及形体语言。本书将挖掘并辨析上述这三种有别于理智语言的非理智语言在面对不同思想主体、阐明不同道德主题时各自所特有的优势——如信仰语言之于超越性、诗歌语言之于情感性、静默之于空寂，以及形体语言之于直观性。同时尝试针对三种不同的非理智语言寻找和发现一些切实可行的实践方式，可将三者合理地引入当下以理智语言为主导的道德教育的语言体系之中，使它们在理智语言充分发挥其逻辑表达力之余得以各尽其能、各显神通、取长补短、相得益彰，最大程度地发挥非理智语言在人类信仰领域、情感领域所具有的无可替代的独特表达力，以此来激发受教育者的道德信念，培养他们的道德情感，并借此促使他们以身载道——自发地将道德信念与道德情感落实为现实世界中真切的道德实践，将内生的爱善求善之心外化为日常生活中向善从善之行。

笔者旨在探求一种更为完善也更具人情味的道德教育语言——既包含了理智语言，也融入了非理智语言；既经得住理性的拷问又充满了情感的热忱。它不仅能以通畅的逻辑性阐明道德原理与伦理规范，赢得受教育者头脑的认同，而且能以真情实感展现出道德信念之伟大和道德情感之美好，以此唤起受教育者发自内心的情感共鸣，自发地对真善美心存向往，对良知有所敬畏，不但在精神世界里树立起健康的价值观与正确的伦理观，更重要的是能在现实生活中亲力亲为、尽心尽力。换言之，笔者试图借着对一种寓情于理、兼具知性与美感的道德教育语言的探索，尝试开发一种既能关照到受教育者的理智思考，又能满足受教育者的精神需求的、新型的道德教育语言模式。当然，最终目的乃是在当下道德教育的现有基础上进一步提升教育和教学的实际效果，不论是对每一个受教育者自我的人心与人生的修养，还是对人际的交往或社会的发展，带来一些有益的影响，使个人身心更健康圆融、人际更真诚友善、社会更公正和谐。

本文的研究对象是“道德教育的语言艺术”，尤其针对的是“大学道德教育的语言艺术”。

这里有几点说明：首先，笔者多年来从事大学道德教育课堂教学的第一线工作，对此具有相对深入的了解与一定的心得体会。本文之所以聚焦于“大学”而非基础教育或学前教育中的道德教育，主要是基于这一原因。但是在书中，笔者真诚希望能对其他类型的道德教育乃至更为普遍的社会道德教育有所启发或有所助益，若能如愿，将深感荣幸。

其次，笔者对于本研究主题的兴趣一方面是基于近十年来个人在道德教育过程中亲身经历的困惑与思考，另一方面是来自于期间成百上千封学生邮件中所反映出的对道德信念与道德情感的疑虑与反思。这些疑虑与反思很少是源于对道德原理或伦理规范自身正确性或合理性的质疑，而大多数是源自“情”与“理”之间的纠结，对真善美缺乏坚定信念的迷茫与痛苦，以及在现实生活中碰到实际选择时在“利己”与“利他”之间不知当何去何从的徘徊与困顿。一位学生与我交流时曾直言：“我们所面临的道德困境不是不知道对错，而是明知什么是对什么是错，最后还是决定选择走错的路。所以真正的难题从来不是‘不知’，而是空有‘知’却没有动力落实于‘行’，空有‘善心’却没有‘善行’。”此话使我思虑良久，结合了自身的观察与体会，深以为然，也因而更确信：我国当下的道德教育要真正有所成效，不仅当致力于在“知”的层面上传递道德理论，更要在“行”的层面上有所启动、有所激发、有所引领。

俗话说“心动才会行动”——此话确有一定道理：自发的行动往往源于内心的激荡；心灵的撼动往往是最强烈、最直接的行为驱动力。很难否认，“发乎于情”很多时候比“发乎于理”具有更强的精神穿透力，与之伴随的行为意志也更为坚决。这也是我们常说的“信心比黄金更贵重”“真爱比死亡更坚强”的原因所在——生活中时不时发生的真实故事一直在提醒我们：真正发自内心的坚信与深爱果真可以超越所有常理、克服一切障碍，创造出很多不可想象的奇迹。而这种坚信与深爱也正是道德之所以能打动人心的终极秘诀所在。回顾我们的日常经验，从小到大学校道德教育课程中传授教导的诸多道德义理或科学的价值观，似乎从未像诸如《感动中国》里的某一个小故事那样打动我们，在我们的内心深处翻江倒海，以至于身为旁人、路人、陌生人的我们竟不由自主为之感动落泪并心生敬佩，甚至不少人因为深受感染而从此起了向善行善之心。可见，道德最大的感召力并不在于其逻辑上的合理性或者理智上的解释力，而恰恰来自于人们的灵魂深处依然存着一份对良知的坚信，依然会将心比心而渴望每一个生命能得到关爱与珍惜。换言之，道德之力与道德之美的源头及高峰均在于道德信念之坚韧与道德情感之温暖。

笔者深切感受到：道德教育的语言体系不能只是关注“理”，还要呵护“心”；不能只是“讲道理”，还要致力于“谈情”与“说爱”；不应当只是注重剖析和论证伦理道德在理论体系上的无懈可击，那远远不够，还必须注重阐明和澄清道德与人类“心灵”的天然契合、与“情感”的相互交融、与人生终极幸福的内在统一；不但要厘清道德合乎人类交往之公共理性的一面，还应揭示道德所内含的“授人玫瑰，手留余香”的诗意与温情，表明所谓“道德”不只是对他人需求的满足，也是对自我人格魅力的成全，更是每一个人在进化为更圆融完美的“自我”过程中的一个必要元素和必经环节。

再次，道德教育可采用的媒介很多，比如图像与电影、音乐与实地考察……但是不管怎样，语言表达一定是最重要的教学媒介，无论是过去、现在还是可见的未来，这一点恐怕不会有本质的改变。这就是笔者在“道德教育”这个包罗万象的话题中选择“语言艺术”作为研究对象的主要原因——语言是绝大多数教育工作中分量最重的一个部分，也是教育过程中无法避免的一个关键手段。我们可以采用诸多其它媒介方式来补充我们的语言表达，但是语言表达始终是核心，是本体，是教育工作的最主要载体。我希望通过对道德教育的语言艺术的探究，来拓宽道德教育的语言体系的范围，合理引进一些尚未被我们的道德教育正式采用的语言类型，如非理智语言（此处以信仰语言、诗歌语言、形体语言为例），以不拘一格的表达方式来丰富我们长期被学生抱怨为“单调无趣”“枯燥乏味”的道德教育的语言形式。事实上，我们知道，人类的语言与思想之间存在着一种微妙的相互映衬关系，语言是思想的主要表现形式。[①]它就像一面镜子，能清晰地映照出思想与精神的形态——一般而言，语言的贫乏反映了思想的贫乏，语言的单一折射了精神的狭隘；反之，语言的练达透露了思想的通透，语言的丰富体现了思想的丰满，语言在不同维度间的自由切换展示的是精神实现了跨边界的融会贯通。由此可见，在现有的以理智语言为主的道德教育语言体系

① 〔德〕威廉·冯·洪堡特著，姚小平译，《论人类语言结构的差异及其对人类精神发展的影响》，商务印书馆 1999 年 11 月版。

基础上合理引进非理智语言，在既定的逻辑框架之中恰当补充和注入信仰语言、诗歌语言和形体语言，其意义将不只是拓展我们现有的道德教育的语言类型，与此同时，更要紧的是这种教育语言类型的拓展不知不觉中必将伴随着思想的扩容、精神的达观。而这会使得我们当下的道德教育在语言表达形式更为多姿多彩的同时，思想也变得更加多元丰富，精神也因为呈现出更多层次、更多维度、更多面向而显得更加广阔且富有纵深。这将极大地有益于我们的教育者以及我们的道德教育在理智、信念、情感、直观等各个方面全方位地关照到受教育者的需求，进而赢得他们的信任，获得他们的共鸣。

理智语言在过去几十年的科学领域中取得了非凡的成就，它在表达过程中呈现的逻辑性、客观性、精确性赢得了人们的信任，使之得以广泛使用，并在相当程度上被视为语言表达的最佳选择。在当下我国的道德教育中，理智语言的普遍运用以及由此获得的成效，也是有目共睹的——每当我们在道德教育课程中诠释一个伦理学概念或者说明一个道德原理时，我们往往需要依赖于理智语言来廓清该概念的内涵和外延或者借助它来梳理该原理的前因后果。理智语言在说理方面的优势无可辩驳，它善于以哲学的反思精神透过现象抓住本质，并以科学的归纳方法化繁为简阐明其中道理。在道德教育中，理智语言的运用集中展现了教育内在的思想性以及由此反映的理论深度。

理智语言在说理论证方面的显著特长，赋予了它强大的解释力和说服力，使之在各行各业的语言表达中都占据越来越突出的地位，除了科学领域、工程领域，连道德、文学、艺术、信仰、审美、人生修养等与人类的精神和情感更为密切相关的人文领域也逐渐开始丧失对自身原本得天独厚的情感语言的自信，放弃其长久以来介乎于理智语言和情感语言之间的那种微妙的平衡感，转而将自身的骄傲建立于这样一个评判标准：能否用理智语言表情达意，或者能否以因果逻辑自证其理？不可否认，即使在这些领域，理智语言仍功不可没，正是它的介入，使得颇显复杂而凌乱的情感世界、丰富而多元的审美经验呈现出前所未有的逻辑性与系统性，变得整齐而有序，变得可被分析、可供量化、可作解释。然而我们应该考虑到，如果我们把人类所具有的所有表达方式作为一个语言的整体而将理智语言置于其中，那么它仅仅只是这一更宽广的范畴内的一支、一元、一个部分，与它比肩而立的还有众多与它类型相异的非理智语言，它们的表达方式与理智语言大相径庭，却与它具有同等力量——比如，特别善于传递人情冷暖的情感语言；超越于此岸世界之上，指向彼岸世界的信仰语言；蕴含在眼神表情、举手投足之中，不经意间自然流露的形体语言等。另外，“静默”也是人类沟通交流方式中格外重要的一支，作为一种特殊的表达、一类无声的语言，它能传递某种独特的气氛、某种深邃的静——“此时无声胜有声”——它的丰富、细腻和深沉并不亚于上述的其他任何一员。这些不同类型的语言在特定的语境中独当一面，各具所长、各美其美、各司其职，各尽其能，形成了一片群星灿烂的人类语言世界。在人文领域中，对于任何一类语言的偏废，或者对于任何一类语言的过多依赖，或仅仅将语言的某一方面特质作为评判语言表达之优劣的标准，都是片面而狭隘的，这会妨碍我们对任何一个问题或对象进行充分的认识和透彻的领会。

在我国当下的道德教育中，这就是一个急需我们直面的问题：理智语言固然帮助我们理解各个伦理学概念或定义，厘清道德原理之起承转合的历史渊源及内在逻辑，用它精确而严密的理论性和思想性来阐明道德的合理性和正确性。但是，我们都知道，道德不只是理论，道德高于理论；道德关涉的不仅仅是人的理智（道德原理），还有人的情感（道德情感）、人的意志（道德信念）以及人的实际行动（德行）……完整的道德是人的理智与情感、意志与实践的全面结合和高度统一。正因如此，道德所具有的力量才远远不止是说服力或解释力，还常常伴随着惊人的行动力、感染力，乃至震撼力。说服力仅仅作用于人的头脑，而行动力、感染力与震撼力则更多地作用于人的内心与精神。毫无疑问，我们的道德教育的核心主题是道德，那么除了运用理智语言，我们需要也应当借鉴前文中提到的其他各种类型的非理智语言——比如信仰语言、情感语言、形体语言乃至静默，一方面以它们之所长来弥补理智语言之所短，从而突破理智语言面对情感和信仰问题时的局限性，辅助理智语言在传递类似“一切尽在不言中”这样空灵沉静的境界时的无力感，并且当理智语言涉足人类心灵、精神乃至灵魂领域而无计可施时，及时地介入并予以扶持；另一方面借助非理智语言之力来还原一个多向度、多侧面的“道德”实相，以此恢复“道德”本源上的完整性。惟其如此，我们方能在道德教育的过程中充分展现道德的伟大、揭示道德的力量，进而实现道德教育的实效性。

在此特别需要指出的是：这里笔者致力于探讨的“非理智语言（Non-rational Expressions）”不是“理智语言（Rational Expressions）”的对立面，而是有别于“理智语言”的另一个语言分支，是对“理智语言”的补充。它不是“反理智的语言”或“无理智的语言”，而应被理解为“不同于理智语言的另一类语言”或者“区别于理智语言的另一种表达方式”。如果我们尝试着用英语来说明，或许会看得更清晰明白一些，即在本书中笔者将重点涉及的“非理智语言”是Non-rational Expressions，而不是Anti-rational Expressions或者Irrational Expressions。前者与理智语言因为有所不同而分属两类，在功能和方式上可以相互取长补短；后二者则是理智语言的对立面，是对理智语言的否定与逆反。第一种情况类似于“红”与“绿”——彼此差异，却可以相映成趣；第二种情况则类似于“对”与“错”——水火不容、势不两立。而本文涉及的非理智语言与理智语言的关系属于第一种情况——看似黑白相异，实为纸墨相溶，相辅相成之下更能相得益彰。

以下，笔者将从非理智语言的上述三种类型分别展开，即信仰语言、情感语言（以诗歌语言为代表，其中也将涉及“静默”这一种颇为特殊的另类的无声语言）以及形体语言，主要从如下若干方面加以探讨：

1. 与理智语言相比照，各类非理智语言所具有的特点及其优势；

2. 各类非理智语言与道德的契合点；

3. 各类非理智语言在道德教育过程中的实践方法。

信仰语言

首先，需要明确的一点是，此处笔者所指的信仰语言不是专门服务于某一类宗教事务的、由一套自成体系的专业术语集合而成的语言系统。比如我们常见的各大宗教常用的信仰语言——佛教的“阿弥陀佛”“轮回”“业力”“涅槃”等，或者基督教的“祷告”“做礼拜”“圣餐”“以马内利”等，或者伊斯兰教的“真主”“安拉”等。笔者在此将它们列为“宗教语言”而有别于当前要深入探究的“信仰语言”。虽然宗教与信仰在日常生活中常常关系密切，但两者不尽相同——简单地说，信仰的范畴远比宗教宽泛，宗教只是信仰的一种存在形式，而信仰的形式多种多样，并且常常是非宗教的。一般而言较为常见的大众信仰除了宗教信仰之外，还有哲学信仰、政治信仰、道德信仰等，比如中国古典哲学事实上在过去几百年甚至数千年里持续地影响着中国的读书人，构成了传统知识分子的哲学信仰[①]；而我们常说的“马克思主义”“共产主义”“社会主义”等，某种程度上就可以归为一个人或一个群体的政治信仰；而中国传统文化里以及市民社会中耳熟能详的一个词汇——“良知”或“良心”则一度是中国社会普罗大众秉承的道德信仰，尽管人们对此不一定有自觉意识。另外，还有一些较为小众的信仰，比如一些科技工作者将“科学”奉为人生信仰；一些艺术家将“美”作为自身终生信奉的信仰；又或是一些法律从业者将“法”视同信仰。由此可见，“信仰”与“宗教”不是同等概念，因而，“信仰语言”与“宗教语言”也不能混为一谈。

信仰是一个内涵丰富且高深莫测的范畴，指的是一

---

① 冯友兰著，涂又光译，《中国哲学简史》，北京大学出版社，1997年9月版。

个人对某个对象（一个人、一个物、一种观点、一套思想或一种人生价值）深信不疑，他将它视为自我的精神支柱和生命的意义，在自我得意时心存敬畏、失意时有所企望，同时以它作为自己生活的信条、行为的准则，恪守它、实践它，躬身力行。一般而言，一个人的信仰决定了他的世界观、人生观和价值观，比如持佛教信仰的人认为世界有三界六道[1]，由众缘和合而生而灭，人生无常却合乎因缘果报，因此当戒恶行善、德慧双修以求开悟成佛；又比如“马克思主义”的信徒则认为世界是辩证唯物和历史唯物的，个人的价值与社会的价值紧密相连而无法割裂，因而一个人应该在创造性活动中，在对他人、社会、世界乃至全人类的解放事业中实现自身的价值和生命的意义……可见，世界观、人生观、价值观，这三者看似花开三枝，实则同根同源，那根源就是信仰——某一种信仰往往与某一套与之相对应的世界观、人生观和价值观相匹配。这样一来，一个人对诸如“我为什么而活？”“我为什么而死？”这类问题的追

① 三界：欲界、色界、无色界。六道：境界由低至高分别是地狱、恶鬼、畜生、阿修罗、人、天。

问看似是他对自我人生观、价值观的探求，事实上反映的是他对自我信仰的求索；因而，一个人郑重地对这类问题给出的答案，无形中侧面透露了他内心所秉持的信仰。有趣的是，信仰层面的这种坚信似乎具有一种很强大的主观自足性，它更像是一个人在内心给自己的一个交代、为自己确定的一个生命走向、一处安身立命之所，拿破仑称之为“自我暗示”，帕斯卡称之为“照亮自我的光”，高尔基称之为“灵魂的依靠”，不必向外人提供任何事实根据、客观凭证或逻辑论证以求认可或赞同。它似乎是一种无需证明的自明、不求他信的自信，足以让一个人平静淡然地接受孤独、苦难，甚至死亡。

基于上述的信仰范畴，信仰语言的范畴也随之确定，即某种表达信仰（宗教的和非宗教的）的语言，某种灌注了恭敬与信任的语言，某种承载了自我之存在意义的语言，某种饱含了虔诚的奉献情怀的语言。相对于理智语言，信仰语言具有鲜明的超越性：它超越于世俗生活之上，作用于人们的精神世界；它超越于此岸纷繁芜杂的现象世界之上，指向某一个终极的清明安和的彼岸世界；它超越于变化无常的个人存在之上，追求的是亘古永恒的宇宙大道。也正因为如此，信仰语言的语境超越了大多数日常生活的语境，信仰语言的语意也跳脱于我们用来理解理智语言的常规逻辑范畴之外，以至于当我们试图用习以为常的理智语言的逻辑范畴去框定信仰语言所传递的信息内容时常常感到不明就里、无能为力——既无力证实也无计证伪，更无法做出清晰明澈的理论解释；同时，信仰语言带给听众的那种非同寻常的影响力，比如“醍醐灌顶”“茅塞顿开”“豁然开朗”“幡然醒悟”“心智洞明”等，不论是局外人或是当事者往往在不同程度上感到玄之又玄、不可思议。虽然我们从未停止过尝试用理智语言去解释说明这些奇妙现象的努力，然而收效甚微，事实上，除了最终将它们归于“神秘主义”“玄学”，理智语言着实束手无策、无可奈何。

举例来说，A. 我们耳熟能详的中国传统儒家思想里孟子曾提到过：人之为人，与生俱来有四种常德（常：永恒的、持久的；德：美德、德性）——“恻隐之心，人皆有之；羞恶之心，人皆有之；辞让之心，人皆有之；是非之心，人皆有之。恻隐之心，仁也；羞恶之心，义也；辞让之心，礼也；是非之心，智也。仁义礼智，非由外铄我固有之也，弗思耳矣。”——这就是一种信仰语言。这段话所给出的结论不是由逻辑演绎或因果推论得来。这里的“四心”既不是来自于人体解剖学的实验结果，也不是源于社会学或心理学的调查总结。它似乎不依赖于任何事实依据，因为我们找不到任何事实足以证明某一个具体的人是否生而有这“四心”，也无法证明是否人人皆有此“四心”，同样无法证明为什么偏偏是这“四心”而不是其他“四心”，或者为什么不是“三心”或“五心”……它是一个逻辑系统难以阐明澄清的命题。这段话是儒家哲学的信仰语言，实际上它表达的是一个人或一部分人（孟子以及相当一部分儒生）的道德信念。具体来说，当孟子这样说的时候，他坚信即使人有诸多邪念恶行，即使人类历史古往今来时不时会陷入此一个彼一个黑暗时代，在那种黑暗中人性会遭遇前所未有的挑战与质疑，但人性在本质上依然有善的面向，而这天然的善性具体就体现为人与生俱来有这“四心”。这“四心”是人性所固有的，这种善性也是人之为人的普遍共性。即使有人提供大量的事实依据，罗列人类过去和当下正在发生的各项罪行、兽行、暴行、恶行，或者即使有一个人对孟子本人行凶做恶，也不能打破他对人性本善的确信。因为人性本善乃是他的信仰，是他看待和处理一切关于人的问题的起点和基础。在他看来，即便是大奸大恶之徒也不乏有此“四心”，他们也不是生而为丑恶，只是他们天性中的善端由于种种原因被遮蔽、被扭曲、被损坏而得不到彰显，于是成了恶。客观来看，孟子的这段话似乎没有逻辑的必然性，也没有确凿的事实根据，但其中不见丝毫的怀疑，满是确定与自信。

又比如 B. 中国民间常说的“一切自有天意”。不论言者、听者是否意识到，这其实也是一种信仰的表达——这里面蕴含了对超越于个人掌控力之上的天命的信任与顺服。持有这种信仰的人往往处世放达，对天对地怀一片恭顺，对人对事存一分宽容，所以即使面对战争与苦难、遭遇挫折或不幸，他们依旧会心存善意地接纳和领受命运的安排。因此，与旁人相比，在载沉载浮的人生时局中，他们常常更显从容淡定。

又比如 C. 中国古典哲学里有一种观念——“道贯穿宇宙万物之中”——这也同样是一种信仰语言的表达。它所传达的内容是一种无法被确凿查证的状况，但这并不妨碍有相当一部分中国知识分子对它深以为然、心存敬畏并终生践行、以身载之。

再比如D. 中国人常说的“举头三尺有神明”——这也是信仰语言。“神明”存在与否在人类几千年历史上素来是一个未解的谜团、不可知的神秘领域。虽然与之相关的奇闻怪谈、民间轶事广为流传，但始终缺乏一个具有说服力的终极解释。尽管如此，不少人依旧信其有，凡事依此引以为鉴。而老人们常说的“人在做，天在看”“苍天有眼”也正是基于这种对三尺之上的神明之存在性的确信不疑。

信仰语言的特点及其优势

通过上述的说明和例子，我们可以获知关于信仰语言的一个大致轮廓。在这里笔者决定将理智语言作为信仰语言的参照对象，用一种对比的方式来揭示信仰语言的特点及优势。因为所谓“特点”或“优势”，实际上就是与他者有所比较而来，比如明与暗、光与影、上与下、前与后……这样一来，对比双方各自的长短就能在相互映衬下得以凸显，体现得更为鲜明和清晰。在这里之所以选择理智语言作为参照对象，在于目前为止它是各类理论教学（包括道德教育理论教学）中占据首席地位的主导语言。它在说理论证上的优势不容置疑，但同样不可否认的是它也有自身的局限性。而这些局限性大大限制了我们对伦理道德内在丰富性的把握，制约了道德教育课的现场教学效果，也因此影响了道德教育课取得持久深远的实效性。而理智语言所短缺的众多特质里有一部分恰恰是信仰语言的特长，一些理智语言无法营造的气氛或意境恰恰是信仰语言与生俱来的强项。通过这个对比，笔者一方面试图说明在道德教育中，信仰语言对理智语言有着何种不可替代的补充作用；另一方面希望借此机会展示两种不同语言各自的长短，以谋求两者在道德教育课中有效的取长补短的方法与途径。

信仰语言超越现实性；理智语言根植于现实性

信仰语言所涉及的内容，比如例 A 的“四心”、例 B 的“天意”、例 C 的“道”和例 D 的“神明”，或者前文中提到的道德信仰之“善”、艺术信仰之“美”、政治信仰之“共产主义”“马克思主义”等等，每一个都是在现实生活中无从勾画的形而上的对象、非物质的理念、无实体的精神存在。虽然它们各自指向不同方向，但是它们作为信仰对象却也有着本质上的共性——它们当中的任何一个对于一部分人而言都意味着一种终极性的真理。这种终极性的真理或许有诸多不同的描述方式，有人将它表达为自我安身立命之所在，或是绝对的世界精神[①]，或是灵魂的标注[②]，或是最后的底线，或是至高无上的生命价值。因此透过信仰语言表达的不是人们日常所需的衣食住行、世俗生活的人情世故，而是一个人寻寻觅觅生命意义的心路历程，是人心最深处的盼望和热情，是吸引着人们不懈追求、全情投入、不惜奉献自我最宝贵的东西，甚至牺牲生命来换取的精神之喜悦与灵魂之幸福。正如我们所熟悉的“生亦何欢？死亦何哀？”“人生自古谁无死，留取丹心照汗青”“视死如归”等语句均属上述信仰语言之范畴——由此可见，信仰语言虽然使用的是此岸世界的文词与语法，表达的却

---

① 黑格尔哲学中对至高无上的力量的称呼。

② 百度中对“信仰”一词的解释。

是一个人对彼岸世界精神家园的深情向往与全力趋近。因而在信仰语言的字里行间常常会有种感人至深的荡气回肠，时而悲壮、时而旷达、时而沉静、时而洒脱，无形中我们能领略到一股来自意志和信念的超凡力量。即使那是一个人失意时的自言自语、落寞中的只言片语、临终前的寥寥数言，看似大势已去、乾坤已定、气数已尽，仍能令人禁不住感叹“即使是下台，背影依旧优雅”“即便是坠落，那也是落日的华丽”。

信仰语言一般很少出现在日常琐事和世俗生活的语境中，因为对后者来说，它在内容上显得太抽象、太形而上，虚幻而玄奥；在逻辑上太突兀、太超常；在形式上又显得太绝对、太断然，而这些与日常生活经验往往是格格不入的。日常生活所对应的此岸世界主要对应的是人情冷暖、社会交往，处理的大都是人世间的现实问题——柴米油盐酱醋茶、婚丧嫁娶、迎来送往……而信仰语言更接近于彼岸世界，它对应的是天地间的安身立命、独处时的自我反省，处理的基本上都是精神世界的困扰与疑惑——比如那三个自古以来、历史悠远的终极问题“我是谁？”“从何处来？”“将往何处去？”或者“我因何而生？”“为何而死？”——这些问题孤独而深邃，不是人与人之间的一问一答，而是自我灵魂的上下求索——它没有标准答案，因人而异，全在于一个人在广阔宇宙间追根溯源、自我探寻，最后找到的是怎样的一个精神故乡来安放他的灵魂。比如，例 A 中“仁义礼智，人皆有之”，表达的就是孟子及其门徒对于人性本原之善端的无条件的确信。这种确信即使不被旁人理解，依然使他们自在自足，纵然常被人心之阴暗震慑，悲愤交加之余，心中仍存有一片朗朗星空可以时不时抬头仰望；即便面对令人忧心忡忡的现实，仍旧可以对人性及人类饱含深情并满怀希望。例 B 中的“一切自有天意”与例 A 相似，人们借此表达了一种对上天之安排的持久而坚韧的信服。无论现实生活发生什么不可预测的状况，悲伤的、痛苦的，还是愉悦的、惊喜的，他们始终相信其中必有因缘、自有道理。尽管他们对这因缘和道理无从获知，尽管周围人对他们的执着坚信或许报以嗤笑，我心自安。

信仰决定了一个人与现实的相处之道——如何看待现实，如何解释现实，如何应对现实之种种境遇……但最根本也是最重要的一点是：信仰决定了一个人如何超越现实，如何出离世俗，不为现实所困，不为世俗所扰。这就是为什么无论现实或世俗发生如何惊人的巨变，不会对真正的信仰者造成根本的动摇——“任风雨来袭，我自岿然不动”——现实遭遇恰如风雨，四面八方、无孔不入、形态各异，常令人措手不及。然而真正的信仰一旦确立，纵使暴风骤雨当前，不幸如梦魇使人无处逃遁，一个人依旧可以在无可奈何之中尽力保持自我内心的镇定自安，依旧可以在无能为力之下竭尽全力创造幸福，依旧可以在人生的暗夜里奋力燃烧自己释放那一点暖意、化作那一线光明。正因为信仰具有现实性之超越性，它们不在同一个界面上，所以现实不足以构成对信仰的威胁，甚至很多时候现实越艰难，反倒把意志磨练得更强韧，信仰也因而变得更坚定不移。我们所熟知的那批在战争年代甘愿抛头颅、洒热血，舍生取义的共产主义战士就是一个鲜活的例证。

理智语言则植根于现实性。首先，从理智自身的来源看，它源于人类的经验，它滞后于人类经验，它是经过了大量人类经验的积累、分析、测算、梳理、权衡之后总结和归纳出来的规律。比如E.“一叶落而知天下秋”——这就是一个理智判断，这个判断基于这样一个因果逻辑，即“因为一叶落是树叶纷纷飘落的预兆，而树叶纷纷飘落，意味着秋天已近”。而这个因果逻辑是怎么形成的呢？它植根于人类至今为止几乎所有的相关经验，这种经验构成了这一理智语言的基础。

其次，从理智的功能看，它主要用于分析现实中的现象，阐明现象背后的原理。它使用的基本手段就是定义、量化、分析、推理等逻辑方法，而与此相匹配的这种概念性的、数据化的、分析性的、推导式的语言就是理智语言。比如F.我们从小接受的道德教育里有这么一个广受认同的说法：“我为人人，人人为我”——它也是一个理智语言的表达，旨在回答现实生活中人们普遍存疑却羞于公开表达的、对道德之“利他性”的这样一个困惑——旨在“利他”的道德究竟对我个人有什么好处？如果没有好处，我们有什么必要非做“利他”的事情不可？世人皆知，人性有趋利的天性，道德如果不能带来“利己”，它怎么能使人身体力行？——这样的一个问题看似自私庸俗，实则意味深长。事实上它是对于道德自身之合理性的有力挑战，是对于“人”与“我”内在关系的本质追问，所以它直接关乎“道德”的立足之根本；同时它表达了大多数人面对精神价值与物质利益这一组从古至今难以调和的矛盾时不知该何去何从的迷惘，在“鱼”与“熊掌”之间不知当如何取舍的纠结，所以它又直接关乎“道德”与每一个“我”之间的关系、与普遍人性之间的亲疏。而“我为人人，人人为我”这一理智语言以它简洁明了的逻辑性回答了这些疑问。即“我为人人”是“人人为我”的前提，“人人为我”是“我为人人”的结果——换言之，利他与利己并非如人们想象中那么绝然对立，它们可以相互转化、互相激发。打个简单的比方，比如邻人不在家，我帮他签收快递。看似我的时间精力在这一助人过程中有所损失，实则不然，因为作为回馈，下一次邻人会为我做同样的事或者向我提供其他类似的帮忙。长远来看，他与我在得与失层面上相差无几，建立了一种基本平衡。总体来看，结果互利双赢。由此“我为人人”与“人人为我”构成了一套互帮互助的良性循环系统，大而化之可促进社会关系的和谐，有益于营建友善助人之风。这确实是一个精彩的论证，在逻辑上无懈可击，“利他”与“利己”不再彼此对立，而是息息相关；物质和精神也不再相互矛盾，而是以一种间接的方式得以兼顾与保全。理智语言以其顺畅的逻辑、缜密的推理演绎了上述理论，由此“人”与“我”、“义”与“利”之间看似坚固的壁垒得以化解，舍己为人、旨在利他的“道德”与趋利避害、追求利己的“人性”从此皆大欢喜——这个数百年来一直困扰着人们的现实选择问题似乎以高明的方式得到了解释与解决。

但是，最后一点格外值得注意：如上述所言，理智主要用于解释现实中的现象，阐明现象背后的原理。那么其效果理所当然就当以理论与现实的契合度，或者说理论在现实中的适用性来加以检测与评估。“理论是灰色的，生命之树常青”——如果理论不能反映或解释现实生活，那么理论就是没有生命力的死东西，其价值高度可疑。一言以蔽之，其实就是我们常说的“实践是检验真理的唯一标准”，在这里不妨理解为“现实是检验理论的唯一标准”。如果某一个理论与现实不相适宜，不能充分解释实际状况，或者与现实情形呈现南辕北辙的相反势态，那么该理论要么与现实脱节，要么过于片面，要么只是一块现实的遮羞布用以自欺欺人，总之虚舟飘瓦不具价值。举例来说，如例 E 中“一叶落而知天下秋”——因为“叶落”所以“知秋”——这个因果逻辑虽然与现实生活中的自然现象尚不至于达到百分之一百的必然性，却也着实存在极高概率的关联性，可以说现实与逻辑在此处相互映证、高度一致，因而间接地确证了这一理智语言的合理性。同样的，例 F 中“我为人人，人人为我”的提出原本旨在揭示“利他”与“利己”的内在统一性，以此提倡和鼓励人们在现实生活中多替他人着想，多助人行善，以此实现“利他”与“利己”的共荣，促使互助互爱的道德氛围蔚然成风。因而，该理论的价值最终要以它对现实生活中人们言行举止的影响力以及它在道德教育中实际取得的成效而定。当然，与例 E 相比，例 F 要复杂很多，要评判其对现实的影响力不是一朝一夕之能，也不是一年半载可以确定，而需要一个较长周期的考察过程。

小结：信仰超越现实，所以用以表达信仰的语言（信仰语言）也具有现实的超越性。在此提请注意：信仰超越现实不等于信仰反对现实或与现实对立，也不是说心存信仰就意味着否定或轻视现实，这种超越性指的是信仰与现实分属于两个不同的界面，是两个高下不一、相对平行的境界。信仰的境界相对而言高于现实的境界，某种程度上是对现实境界的超脱与扬弃，我们日常生活中提到的“脱俗”便有此意。单纯从现实的角度，一个人很难理解信仰，就像痴迷于甜滋滋的糖果的小孩很难理解为什么大人更喜欢冷冰冰的汽车一样。一个把生命视为最宝贵之物的人永远无法理解为什么在生死攸关的时刻有人会因为一个遥不可及、虚无缥缈、不接地气的理想而甘于献身一样。信仰是高于物质需求的精神追求，是不受现实处境所扰的人生态度，因而对现实而言，信仰俨然是一个完全异质的“他者”（wholly otherness）[1]，与自身毫无共同点、品种彻底不同。事实上，恰恰是临到现实的尽头，出现了终极关怀，信仰就此发端；只有当一个人从现象界抽离，跳脱出千变万

---

① 〔德〕鲁道夫·奥托著，成穷，周邦宪译，《论“神圣”——对神圣观念中的非理性因素及其与理性之关系的研究》，四川人民出版社 1995 年 1 月版。

化的日常俗事、喜怒哀乐的琐碎情绪，转而开始对现实生活的终极意义或对人生的终极目的有一种整体性的觉解时，他才开始对信仰有所领会。信仰与现实——这两者看似首尾相接，但没有实质性的交集。就像 G. 精神与物质——物质谢幕之际，恰是精神入场之时，看似你来我往，实则天各一方。

放在自然世界中，信仰对现实的超越像极了许多植物的生命方程式。一般而言，一株植物 H. 它的自然生长过程是发芽、开花、结果——芽枯了，花就开了；花谢了，果实诞生了……后者是对前者的超越。但这种超越并不意味着后者是对前者的否定或压抑，而是后者对前者的突破、扬弃、更新和进化。每一次超越都带来一次蜕变，每一次蜕变都是植物的一次自新、一次重生，一次改头换面、一次脱胎换骨。自此，它进入了另一种崭新的存在形态、另一重更高的生命境界。果实之与花朵，是植物生长过程中相对独立的两个阶段；与之相似，信仰之与现实，也是人生修行过程中的两个不同境界。就像冯友兰在《中国哲学简史》中提及的“人生四大境界”：自下而上分别是“动物境界”“功利境界”“道德境界”“天地境界”[1]——前两者更接近于此处笔者讨论的现实，后两者相对而言更接近于信仰；后两者是在前两者基础上的飞跃与升华，是人格上的凝练与提纯。可以说，信仰是生命在经由物质界趋于精神界的成长进化过程中的一个标志性的里程碑。

理智来源于对人类经验的规律性的总结与提炼，而经验是由人们观察、体验和反思现实生活所得，所以理智植根于现实。同时理智的主要功能在于以逻辑的方法解释与解决现实问题，其价值也体现为其对现实问题的解释力和解决现实问题的实效性。相较之下，实效性更为根本，因为解释问题的最终目的乃是解决问题。不能解释和解决现实问题的理论是无价值的，最终也会被淘汰和遗忘。理智语言与之相适应，也植根于现实性。

信仰语言超越逻辑性；理智语言重在逻辑性

信仰不在逻辑范畴内，超越了逻辑的解释力。例A“人皆有四心”已在上文中予以说明，这“四心”中

---

① 冯友兰著，涂又光译，《中国哲学简史》，北京大学出版社，1997年9月版。

任何一个都无法被证实其存在的客观性，它们既没有可见的物质基础（不是基于某种生理机制而存在），也没有理智可理解的逻辑基础（不是基于某一套因果必然性之推理可得）。但如此缥渺虚幻的东西，孟子及其门徒却坚信其存在，并且执信它是人类与生俱来的普遍人性的一部分，古往今来，千秋万代，人之为人，无一例外，正是这么一个在旁人看来无法确证的标准，却代表了他们对“人性”的最基本的认识与最根本的信任。这对凡事讲究证据或推理的理智判断和逻辑体系而言是一件近乎诡异、大惑不解的事情。与之相似，例C的“道贯穿宇宙万物之中”——持此信仰者对此言之凿凿，因为他们深信不疑。然而对大多数逻辑的头脑而言，我们往往感到莫名其妙、百思不得其解，忍不住要问“道”既看不见，也摸不着；既不在我们的直观范围内，也不在任何一类现存的科学公式定理之中，那么“道”到底是什么？“道”行何道？凭什么说它贯穿于宇宙万物之中？何以见得？——这些疑问都是逻辑思考的产物，而它们事实上无法被理智彻底解决。首先，宇宙万物是一个无穷无尽的范畴，即使我们把一切人类所见所闻所思所想相加，其总和也不过是“宇宙万物”的一个片段、一个局部，因此剖开宇宙万物来寻“道”自然而然就成了一件可笑而不可能的事；其次，即使我们真这么做了，也不会发现“道”，因为它无色无味无声无形，非物质、非概念、非日常能及、非逻辑可推……在这一点上，东方哲学信仰中的“道”类似于西方基督教语境中的“上帝”，无论自然科学多么发达，人类理智水平多么高超，无论多少杰出的科学家、哲学家千百年来多么殚精竭虑致力于此，这始终不是一个能从逻辑上解决的命题，也不是一个能用理智予以把握的概念。事实上，这些问题仅对不信的人才有效；对真正的信仰者而言，这些问题早已以一种不信者理解不了的方式得到了解决，或者说，它们根本不成问题。“道”之于他们就如同“上帝”之于基督徒，意味着真理；“真理贯通万物、无处不在”对他们而言不是一个需要论证的命题或者一个需要习得的理论，而是自然的真相、生活的真谛、宇宙人世运行的天然法则——这就是他们所看到的世界，是他们的世界观——在他们的精神中根深蒂固、深入骨髓。信仰是一个有点玄妙的东西，对信仰者而言，它无法证实也无需证实，但他们深信不疑，并循之躬身力行。与它有一定的相似性的就是I.你对另一个人近乎绝对的信任。这种事不常有，就像真正的信仰同样也不常有。这种纯度的信任往往也是逻辑无力解释的——是因为他善良？坚强？勇敢？诚实？具备这些品质的人并不少，为什么你偏偏如此信任他？实际上，那个你特别信任的人在旁人眼中或许很普通很平庸，不那么闪闪发光，可你对他的信任超过对世界上其他所有人的信任的总和，即使所有人都说他不好，你还是信任他；即使你在一些事上不理解他的所思所行，你还是信任他；即使他伤害了你，你还是信任他——这种信任堪称非理智。理智也好，逻辑也好，只能理解那些“有条件的信任”——因为他善良，所以你信任他；或者因为他对你好，所以你信任他；或者因为这份信任是有益处的，所以信任——“因为……所以……”——理智和逻辑范畴内的信任往往是有条件的，或者说基于一些特定的原因，或者说权衡之下是值得的。但是信仰就像例I里提及的那种对一个人纯度极高的、近乎绝对的信任，它是无条件的，没有理由的，不问值得不值得的，这样的信任或信仰超越了因果范畴，超越了逻辑性，因而超越了人类理智的边界。

理智语言的核心属性就是合理性，而合理性的关键就取决于逻辑性，不合逻辑性就是不合理，不合理就算不得理智。一般而言，要判断一句话、一件事是否理智、合理与否，实质上就是要检审其是否合乎逻辑，是否符合因果律。

信仰语言的基调是确定与信任——虔诚；

理智语言的基调是反思与追问——质疑

如前所述，信仰意味着一种无条件的信任，不要理由，也不问值得不值得。换言之，当一个人持有某种信仰时，这意味着他对他所信仰的对象惟有确定与信任。这种确定和信任不会因为周遭人群的态度而发生改变，可谓宠辱不惊；也不会此一时彼一时而朝令夕改，那是一种很深沉的热情，一种笃实稳健的人生态度，一个持久而圆融的精神归宿——类似于一种心有所属的充实感，一种走在回家路上的安宁与笃定，一种专心致志、心无旁骛的虔诚。所以与之匹配的信仰语言也不自觉地随之承载着信仰所特有的基调：满满的确定与自信，热忱却平静。信仰语言表达的不是某一个与自己无关的理论或道理，而是一个自己深信不疑，并甘愿用一生去追求和实践的理想与志向。这样的表达并不仅仅是在用语言传递，而是被注入了精神与生命，在这样的表达里我们往往听到的是一个人意志的坚定与内心的安宁——对听者的精神世界有深远的感染力。信仰之路就是一条凭着确定与信任去贯彻、实践，进而实现自我人生价值的精神之旅——“虽不能至，心向往之”；虽不能至，尽力而为。

理智的天职便是反思与质疑。它通过一系列首尾相接、环环相扣的问题串成一条条思路，借着一条条因果链组成庞大的逻辑系统，来追问和检审理论或事物的合理性。人类在科学领域至今为止取得的绝大多数成就相当程度上就是依赖于理智的这种反思与质疑的天性。比如老生常谈的牛顿与苹果的典故——首先始于这样一个看似浅白的问题：“苹果为什么落地？”由此他走上了理智的反思与质疑之路，于是渐行渐远——为什么绝大多数事物都会落地？为什么不是向天空上升？这种向下的吸引力从哪里来？它是怎么产生的？它有多强大？它有没有规律可循？有没有办法为这种吸引力定量？——于是乎，牛顿的万有引力定律诞生了；之后理论上的进一步反思，促使近代天文物理学诞生了；而在实践与技术领域里的进一步追问，催生了航空航天这个科学领域的新生儿……理智之路就是一条在质疑与挑战中不断推陈出新的革命之路。

小结：理智的本能就在于反思与质疑，这使得理智语言始终带着这两种特定风格的印记，而正是这种反思与质疑，无论在自然科学史上还是社会科学领域内，一次次成功地彰显了人类自身力量的伟大，我们也一次次为自己拥有人类这颗神奇的头脑和奇迹般的改变世界的能力而深感骄傲。而信仰的本质就是对某一个终极对象的完全确定与彻底信任，这使得信仰语言承载了它所特有的坚实的确定性与持久的信任感。而这种确定性与信任感间接反映了人类对自身能量之有限性的清醒认识，纵有开天辟地之力，仍对超越于自身之上的某种未知力量心存悦服与敬畏，并因此常怀谦卑之心。

信仰语言是富有主观情怀的郑重表达；理智语言是不带主观色彩的客观陈述

信仰语言表达的是一个人的生命追求、人生意义，是他隐藏在日常生活背后的整体性的世界观、人生观和价值观的起源与归宿，所以信仰语言是一种个人意志与主观情怀的结合体。由于它具有现实的超越性，所以它在日常生活很少出现，然而一旦出现，它往往是认真的、诚挚的、庄严的，总之是郑重的。而听者常常会因为这种在日常生活中罕见的郑重性而深受感染——信仰语言的郑重性常能传递一种热忱的情怀，营造一种真挚、高远和深邃的气氛，会使人身在其中而不由自主地陷入一种反观内心的自省、一种远离喧嚣的空旷时空感、一种对久违之往事的回味，由此而生出一份释怀、一份放达、一份超脱、一份从容，对人的精神修护具有一些潜在且重要的影响。比如当一个人遭遇意料之外的人生挫折，竭尽全力仍无力挽救时，有很多人会因此怨天尤人，愤懑难安，指责命运不公，而此时一句发自内心的 B“一切自有天意”传递的就是一种“尽人事，听天命”的恭顺与豁达——包含着对命运无常的理解与宽恕。这类似于法国人常挂在嘴边的“C’est la vie”（中文译为“这就是生活”）——这类表达常常能帮助当事人抽离出充满负能量的主观情绪，用一种带有距离感的、类似局外人的视角来看待当下自身所处的境遇，从而对自己的苦难不放大、不虚构、不添油加醋、不增不减，进而对生活的起伏跌宕、自我的沉浮顺逆尽可能做到以平常心视之，恢复客观冷静的心态——这样的语言表达就像燥热中的一丝凉意，干渴时的一杯清水，能助人开一扇天窗，啜一口清气，往往在关键时能起到拨云见日的精神启蒙作用。另外，当一个人正纠结于“利”与“义”的选择，正接受利益的诱惑与良心的拷问，正抱着铤而走险、侥幸一试的心态时，他人的一句D“举头三尺有神明，不畏人知畏己知”多少有点当头棒喝的警示效果，无意间能发蒙解惑，让当事人顿时从浑浑噩噩、昏昧迷惑中为之一震、清醒不少。信仰语言不是在陈述一个放之四海皆准的客观事实，而是在表达一个人郑重地看待生活的一个角度、郑重地对待生活的一种态度。

理智语言旨在说明事物的逻辑性，厘清每一个环节的前因后果。在这里，不管言说者抱以何种主观情绪或内在情感，快乐也好，沮丧也好，喜欢也好，讨厌也好，事物的逻辑性不会因为这些主观因素而发生丝毫改变。就像撒在土壤里的苹果树种子，在一定的条件下，就会长出苹果树，最后会结出苹果，它不会因为个人的喜好而长成橘子树，也不会因为个人的希望而开出桃花或结出李子。“苹果树种子—苹果树—苹果”——这里面有一种逻辑的必然性，这是一个自然界的客观规律。这个规律不会因为一个人快乐与否或愿意与否而有所不同。与之类似，人情世界里也有一些客观规律，比如“一个人童年时代的记忆往往对之后的成长有深刻的影响”。因为童年是人生的起点，是贯串人的一生之因果逻辑的第一个环节，是解开人生奥秘的一道机关，它就是那棵苹果树的“种子”，是众多“因”的“因”，众多“果”的起源和秘密。不论你是否意识到，不论你是否愿意承认，不论它在你身上体现为显性的还是隐性的，也不论它让你愉快还是痛苦，它对你的影响潜移默化、客观存在。

综上，信仰语言是自我精神的表白，是自我生命的袒露，是个人终极立场的澄明，因而它是一种郑重的表达，是一个人意志与情感的集中体现。理智语言是对事物逻辑性的展示，对内在原理的剖析阐释，对事件之所以如此这般的前因后果的梳理与表述，因而它是一种情绪中立的、不带主观色彩的、不分立场的、客观公允的陈述与表达。

信仰语言与道德的契合点

鉴于上述两类语言即信仰语言与理智语言的对比，我们发现信仰语言具有如下特点：从语言表达的内容和对象看，它 1 超越现实性，2 超越逻辑性；从语言表达的基调与氛围看，它往往富有 3 确定性和信任感，或者说虔诚性，4 郑重性，是个人意志和情感的集中体现。换言之，我们可以这样理解，即信仰语言善于表达一些超越于现实与逻辑之上的内容和对象，并且善于传递或营造一种虔诚而郑重的氛围。

由此可见，信仰语言与道德有一种天然的契合、注定的缘分。

首先，道德就其深沉而崇高的精神本质而言，本就足以成为一种信仰，即道德信仰。众所周知，“道德”在代表了终极真理的“真善美”中占据了永恒的一席之地，它是影响整个西方近现代思想的德国大哲学家康德至死不渝的信仰，几乎是一切伟大心灵的共同信仰，当然也是中国数百年来传统文化熏陶下的绝大多数读书人的信仰。从这个意义上说，当道德成为一种信仰、一个信念时，信仰所具有的一切普遍属性，也就同样适用于道德。由此推及，当道德被视为一种信仰、一个信念、一个相对而言抽象的、形而上的、先验的精神范畴时，此时的道德语言其实也就成了信仰语言。换言之，在这里道德语言与信仰语言不是两类语言，信仰语言就是道德语言的一个方面、一个向度、一个有机组成部分，是道德语言在涉及道德信仰、道德信念时能使用的最恰当最尽意的特定的语言表达方式。因而信仰语言所具有的普遍属性也符合此时的道德语言。具体地说，道德作为一种信仰、一个信念，它与其他信仰相似，它超越了现实的束缚，也超越了理智的常规逻辑性。正如能言善辩的逻辑性在“无私奉献”这样的道德情操面前，往往只是词不达意，缺乏解释力。举例来说，J. 对现实生活中大多数人而言，自我生命的存在是一切生活内容的基础——如果“我”死了，就意味着“我”没有了，那么其他一切将都是虚无，因而“自我生命是最宝贵的”“活着最要紧”似乎就成了一件天经地义、理所当然的事情。然而时不时在一些道德事件中，我们发现：有人就是愿意为了营救一个陌生人、一个无关者而牺牲自己仅此一次的生命——简言之，有人愿意为别人去死。当然，我们可以作为局外人用“高尚”去表彰，用“无私”去歌颂，以感动的热泪去赞美。但归根到底，当我们设身处地作为当事人去换位思考时，我们不难发现这几乎是一个在理智上不可能、在逻辑上行不通的决定。因为“我”死了，“我”就不存在了，那这一切又有什么意义呢？我们不妨用之前提到的道德理论 F.“我为人人，人人为我”来尝试解释这个现象——这个理论的基础就是“利他”与“利己”的一致性，“利他”是“利己”的前提条件，而“利己”是“利他”行为结出的善果——简言之，就是我们常说的“善有善报”“种善因结善果”。但是当“我”为他人牺牲了自我的生命，“我”已不在，那么所谓的“利己”因为“己”的缺失而不再可能，剩下的只有“利他”，剩下的只是“我为人人”——没有了“我”，也就没有了“人人为我”，没有了得到，没有了回报——只有付出，只有奉献，然后戛然而止，断了下文。也就是说，这些道德事件意味着没有“利己”的纯粹“利他”，意味着“毫不利己，专门利人”，意味着“无私奉献，不问回报”。换言之，这里的道德意味着“我为人人”而不求“人人为我”——这样的道德超越了人类理智的理解力，因为它打破了“我为人人，人人为我”的逻辑必然性，它已然成为一种信仰。而世上最美好的道德往往无法用“我为人人，人人为我”加以解释，因为这种道德已无“他”“我”之分，它超越了“他”与“我”之间的差别。或者说，于此“他人”不再是一个与我无关的人，一个外在于我的异己，一个我行善的对象，而是我的一部分，是我的一种可能性，如萨特所言“他人是我，是另一个我，是不是我的我，是我所不是的人”——此刻那个需要帮助的他人或许就是下一刻需要帮助的我，所以我帮助他不只是在帮助他，也是在帮助下一刻可能需要帮助的那个“我”。所以这样的道德突破了“他”与“我”的界限，也就解构了“利他”与“利己”之差别，由此真纯道德之“忘我”“无私”“无我”特性浮出水面——事实上，这样的道德远远超越了道德理智的范畴，而直接受命于理智之上的道德信仰的支配。

正因如此，与表达其他类型的信仰相似，我们用以表达道德信仰、道德信念的语言也自然而然应当体现出我们对道德的确定性、信任感和虔诚度，而这样的语言自身必然也相应地是庄严而郑重的。比如，康德的“朗朗星空，位我其上；道德律令，自在心中。”——在这里，作为康德之信仰的道德律令（“绝对的善”）不为现实所左右，无需逻辑证明；同时当康德发出这样的感慨时，他内心充满了确信与虔敬，而作为听者的我们很难不被这些文字所承载的诚挚与郑重所打动。事实上，这也是被世人引用率最高的名言之一——它是信仰语言，而它指向了道德信仰。实际上，要准确传达出道德自身所具有的庄严而崇高的气质，信仰语言是不二的选择，因为我们很难再找到比它更精通此道、更能胜任此事的其他方式了。

其次，当我们谈到“完整的道德”，我们很快会想到它应当包含理智层面的道德原理、感性层面的道德情感、实践层面的伦理规范，这三者缺一不可。但是我们往往忽略，隐藏在它们背后的是一个共同的、隐蔽的根源——精神层面的道德信仰或者说道德信念，它就像土壤下的树根一样滋养着由它派生伸展出去的三个枝桠，就像由一位无名的母亲抚养大的三个伟人，即上述三者。我们看不见它，不代表它不存在；我们想不到它，不代表它不重要。如果没有了道德信仰或道德信念，无论是道德原理、道德情感，还是伦理规范都将成为无本之木，无源之水——因为它们三者任何一个都不足以回答两个无可回避的基本问题，其一是它们的身世之谜，即它们从何而来？其二是它们的存在意义，即它们为何而来？——完整的道德当如下：

道德信仰 → 道德理智——理智语言——阐明道德原理的逻辑性与合理性

道德信仰 → 道德情感——情感语言（诗歌语言）——激发和唤醒理解与同情

道德信仰 → 道德实践或德行——身教（形体语言）——耳濡目染，从善如流

道德信仰 ↓ 信仰语言

由上可知，对于道德领域的问题探讨未必一定从道

德信仰或道德信念开始，然而，但凡跟道德相关的主题，若一路深入探究下去，其内在核心问题一定事关道德信仰或道德信念。道德信仰就像光源一样辐射出几道明丽的光束——道德理智、道德情感和道德实践……但追根溯源，起因必是道德信仰，总是道德信仰，终是道德信仰。所以要绕开道德信仰而谈论道德的其他元素，几乎不可能；即使谈论，难免肤浅。所以，我们的道德教育要培养人们的道德理智和道德情感，并使之落实为日常生活中自我对伦理规范发自内心的信服和遵循。换言之，个体自发的道德实践，重点就在于培养人们的道德信仰或者道德信念。所谓“本立而道生”，正是如此。惟其如此，道德理智、道德情感和道德实践方能从心而生，进而循序渐进，水到渠成。而事关道德信仰与道德信念的问题的探讨，还有什么表达方式能比信仰语言更得天独厚、独具优势？

信仰语言在道德教育实践过程中的操作方法

那么如何将信仰语言引入并运用于我们的道德教育

呢？或者换个说法——在我们的道德教育中，我们应该如何来有效地培养受教育者的道德信仰或道德信念呢？

首先，从道德教育的教学内容上看，重中之重便是启发受教育者自主地培养和树立道德信仰与道德信念。它不应该是一个教育者颁布信仰或要求信仰的过程，因为信仰具有现实之超越性，它是一个相对自主的精神性事务，是一种内生而自发的情怀，外界无法强求，比如师道威严、家族权威，或者名声地位金钱的强势影响……这些来自外部现实世界的权威力量不能真正成功地促使受教育者自主地建立或皈依某一种信仰。有时受教育者迫于压力而屈服，看似奏效，实际上也只是一种“被建立”的信仰，不是发自内心的“由仁义行”而仅仅是表面上的“行仁义”，多半言不由衷，无真情实感，因为这不是受教育者甘心情愿认同、接受、归属和实践的信仰。而且诸多事实证明，在信仰或信念领域，外界的强求与压迫很多时候会起到适得其反的负作用——容易导致受教育者从心理上产生反感，从而激起抗拒与反叛，反倒无形中增加了道德教育的难度，弱化了培养受教育者道德信仰的实效性。尤其是年轻人到了高中及大学，仍然处于个人身心成长过程中的叛逆期，混杂着一些负气、不驯和许多迷惑……与其他年龄阶段相比，自我意识格外强烈，敏感而多思，内心本就对学校和家庭教育存有一种莫名的质疑和对峙，所以要对这个年龄阶段的年轻人进行道德信仰的教育，更不宜强求。

另外，信仰与信念的培养不只是一个说理的过程。如上所述，信仰超越了逻辑性，逻辑性能够阐明道德原理的起承转合，从而说明其合理性……但是它无力解答关于道德信仰或道德信念的一些基本问题，比如人的德性从哪里来？“良知”从哪里来？为什么看到别人受苦，人会心有不忍，即使逻辑能力尚未被开发，未经理智教育的幼儿已然会动恻隐之心？此外，人无德，为什么不可以？为什么有人把友善、公正、平等诸如此类的“善”看得高于个人自身的利益，甚至为之付出自己的生命？

培养道德信仰一如培养其他类型的信仰，本质上需要的是精神的启迪。如何启迪？按照心理学的规律，“观念可以相互‘吸引’；只要相似，一种观念可以激发起另一种（观念）并将之召唤到意识中来。这条规则也完全适用于感受。一种感受就像一种观念一样，可以在心灵中引起类似的感受”[1]。与上述两者一样，一种精神能引来类似的精神，一种信仰能引发类似的信仰。在此，“精神启迪”在某种意义上也可以被理解为用精神来吸引精神、以信仰来激发信仰。所以在道德教育中，要培养受教育者的道德信仰，前提和基础是教育者自身要对道德精神有所追求，对善有所信仰，而这两点最集中的体现就在于：受教育者要在意自身的德性修养。换言之，他对真诚、公正、平等、正直、友善等（社会主义核心价值体系中提及的）美好的德性不仅有理智的认同和情感的热忱，而且有将道德信仰落实为具体的选择和行动的高度自觉，以及在自我的实际生活中躬身力行的切身实践。什么样的信仰决定了什么样的精神，什么样的精神决定了什么样的思想，什么样的思想决定了什么样的语言，什么样的语言决定了什么样的影响力——所以受教育者要真正掌握信仰语言的妙诀，追根溯源，关键在于自身对道德有所信仰，有所热爱，有所追求，有所持守。

---

① 〔德〕鲁道夫·奥托著，成穷，周邦宪译，《论“神圣”——对神圣观念中的非理性因素及其与理性之关系的研究》，四川人民出版社 1995 年 1 月版。

如此这般，当他谈及道德时才会因为自身切实的生命体验和灵性感悟而流露出发自内心的真情实感，而不只是使人敬而远之的道德义理或者条条框框的伦理规则。人的真情实感往往具有任何大道理都难以匹敌的对人心的穿透力，影响力也非比寻常。

那么我们该如何将信仰语言合理地引入我们的道德教育，使之能直接作用于人们的心灵世界，对受教育者的精神产生启发性呢？换个说法，就操作层面上具体而言，我们该如何实践，方能使我们的道德教育语言具备信仰语言的特性和效果？或者说，怎样的语言表达才能具有信仰语言的特质，发挥信仰语言的优势——激发出人的“超越性（神圣性）；献身精神；庄重感；劝勉性；启示性等”[①]？

为了要对语言表达的效果有进一步的认识，首先“我们可以在语言表达的启发性（在脑海中唤起的印象）和语言表达的信息性（语言实际承载的信息内容）做一个区分”[②]。如果我们对信仰语言有一点接触，那么我们

① Peter Donovan，Religious Language，1976，Sheldon Press.

② Peter Donovan，Religious Language，1976，Sheldon Press.

从直观上就会得出这样一个感觉：信仰语言不同于我们所熟悉的理智语言，后者似乎更倾向于语言传递的信息性——比如“在涉及一些与律师、技术人员或医务人员的专业相关的领域时，他们需要直白的、精确的事实性陈述（例如法律文书、技术说明或者医学诊断）。他们感兴趣的是我们常说的——‘不争的事实’或‘证据确凿’，他们更注重语言的信息性而非启发性”[①]；而前者，即信仰语言，则似乎更倾向于语言表达的启发性，“它能影响人们的感受，进入人们的想象世界，作用于他们的感情。它……具有一种力量，这种力量能直击心灵，激发人们的深邃感和崇高感”[②]。

两者性质的不同决定了它们的表达方式也呈现相应的差别。一般而言，理智语言以其平实直白来有效地传递信息，而信仰语言则往往会采取间接的、迂回的、较为诗歌化的表达方式来陈情达意——有时通过一则寓言故事，有时借用一个比喻，有时是一个传说、一句格言、一个谚语、一段诗文，对听者旁敲侧击地施以提醒、敲

① Peter Donovan，Religious Language，1976，Sheldon Press.

② Peter Donovan，Religious Language，1976，Sheldon Press.

打或警示：“比如在古代近东地区、古希腊或者古波利尼西亚流传的神话和传说，印度史诗，古代中国儒家的名言警句，智慧书、福音书里面的比喻，其他经书里面的传说，充满机巧的苏菲派寓言和佛教里的典故——‘弥兰王问经’。”[1]举一个简单的例子，当我们在课堂中向学生讲述世界的多元性、真理的多面性，进而说明我们应当尽可能保持思想的开放性，避免自命不凡、自以为是时，我们可以使用理智语言给出众多论证或例子来强化这一观点，但理智语言或许只能言尽于此。事实上，这种时候，一个恰当的故事抵得上千言万语的理论分析。而古往今来我们的文明如此繁盛，以至于我们从来也不缺这样的故事，缺的是在合适的时机恰到好处地引入这些故事以作点睛之笔。回到上述对真理保持思想开放性的命题，笔者曾旁听一位老师论及该话题时借寓言之力轻巧地点透了真理的无限性和自我认知的局限性，事半而功倍，发人深省。她用的寓言是几乎每一个中国人都熟悉的“盲人摸象”——任何一个盲人

---

① Peter Donovan, Religious Language, 1976, Sheldon Press.

都以为自己摸到的大象的某一个部分（象腿、象鼻子、象耳朵……）就是大象本身。殊不知这只是以偏概全、断章取义，与真相相去甚远——人类在智识上的骄傲自大何尝不是如出一辙？由此可见，就理智语言与信仰语言这两种语言的表达方式相比较，前者侧重直白性，后者则侧重象征性[①]。

信仰语言之所以常用象征性表达手法，原因有二："首先,信仰试图表达的是很深的人类体验和人类情感，并且试图对人类的回应与行动有所影响。其二，信仰试图涉及的主题特别艰涩深奥、模糊抽象（抑或是宗教对象，抑或是超自然的情境，抑或是意识的神秘状态）"。"它一直以来不只是一种知性活动。它与人的情感反应密切相关，关系到人对善和美的敏感性"。而"迂回的、间接的、象征性的语言既适用于第一点，它能唤醒人们的情感回应。同时，它也适用于第二点，它能言说那些超越性的对象"[②]。

就信仰语言使用的具体手段而言，通常有如下几种：

① Peter Donovan，Religious Language，1976，Sheldon Press.

② Peter Donovan，Religious Language，1976，Sheldon Press.

“类比、寓言、比喻、或者象征符号的形式”[1]——一个应景的寓言故事、一句恰如其分的格言、“一个机智的比喻，比如一组图像的精妙裁剪混合，或者一个构思精巧的语言，往往可以揭示某个深奥的真相”。我们熟悉的古希腊哲学如柏拉图的“洞喻”、苏格拉底的“无知之圆圈”；我国古典哲学家如孔子的“己所不欲，勿施于人”、庄子的“庄周梦蝶”；伊索寓言中的“农夫与蛇”；佛教文化中诸多当头棒喝的公案偈语如六祖慧能的“不是幡动，不是风动，是心动”；基督教经典中数不胜数的比喻如撒种、麦子与稗子等等……从理智的角度看，“它们不一定都基于现实性”，但事实上“这并不妨碍（它以精妙的象征性语言）向我们揭示出一些深刻的真理或带给我们一些深邃的启示”[2]。

---

① Peter Donovan，Religious Language，1976，Sheldon Press.

② Peter Donovan，Religious Language，1976，Sheldon Press.

诗歌语言

一般而言，当我们言及“诗歌语言”，我们的关注点通常停留在“诗歌”二字以及诸多与之相关的联想上，比如中国古典诗词，像唐诗宋词，往往具有特有的结构、韵律、平仄，或者古希腊哲学家亚里士多德在《诗学》中提到的诗歌应当符合的一些独特的格式、措辞与抒情技艺，或者我们印象中吟诵诗歌时那种朗朗上口的节奏感，或者我们习惯性地会把诗歌设想为一种有格有律的韵文……当然，现代诗的出现多少打破了以往诗歌的固定格局，诗歌因此变得更为宽松、散漫和自由。

在此，笔者需要澄清一点：此处我们将要探讨的“诗歌语言”不等同于“诗歌”。它不必像诗歌那样遵循外在形式上的任何规则，比如段落上的分行或遣词造句时的押韵，也无需追求某些特定的修辞手法，比如排比、对仗、叠词等，它注重的是诗歌的内在精神和原始使命——借语言文字抒发那内心泉涌而出，进而溢于言外的情与志。换言之，“诗歌语言”的“诗歌”二字体现的是它与诗歌的神似——言传那些往往只可意会的情境与意境。当然，它或许也会借用一些既成的诗词歌赋，或者呈现出一种与诗歌相类的表达风格。但这种形似不是这里着重谈论的“诗歌语言”的内在追求，也不构成“诗歌语言”实质性的优美与光荣。此处，笔者所涉及的“诗歌语言”在形式上是灵活的、自由的，除了遵守一些最古老和最基本的语法规则以确保表达的流畅性，它可以跳脱于任何具体的语言规则之外，如行云流水般可长可短、可浓可淡、可齐整可随性、可红可绿、无拘无束……而追溯其根源，它植根于人们对生命之林林总总的领会。那是一种从人心深处流淌出来的风情与旋律，里面蕴藏着很深的情感与能量。

诗歌语言的特点与优势

一个健康而完整的人有理性也有感性，两者如同飞鸟的双翼，彼此保持着微妙的平衡，同时相得益彰。而且不论从生物学角度还是心理学角度，人都是一个有机体，因而正如人的血肉与骨骼无法绝对割裂，人的感性与理性也很难泾渭分明地严格划分。事实上当一个人做出某个判断，尤其是做出重大决定时，背后的驱动力往往既包含了深沉的感性也包含了深刻的理性，大多数情况下两者相辅相成、互为因果。用“爱情”打个比方，爱情可谓是最接近于纯粹感性的领域了。但“我爱你”不只是一束感觉、一股激情或者一份心动，它还需要理解与包容、责任与坚守——而这些已然进入了理性范畴。由此可见，即便是人类感性事务的极致体现——“爱情”——也不是100%纯度的感性，其中必然也必需融入相当比例的理性成分。惟其如此，才足以维系一场美好、完整而持久的爱情。“爱情”尚且如此，况乎其他？

纯感性与纯理性，这两种绝对事物正如其他任何极端事物一样，只存在于逻辑领域和概念世界，并在那里发挥它们的理论价值，而在活生生的自然世界或者人类赖以生存的生活世界里，我们几乎找不到它们，绝对的东西不属于任何一个健康的有机体。任何一种对于纯粹“感性”或纯粹“理性”的执着或追求一定会导致病态的人格与误入歧途的人生，于己有毒，于人有害。

但是为了理论分析的便利性和清晰性，在以往的几百年乃是数千年里，我们仍不得不将“感性”与“理性”作为两个相互对立的概念加以处理，将“情”与“理”作为两套逆向运行的心理系统加以区分对待并予以对比剖析，试图借此厘清两者间的异同。很遗憾，在笔者找到更好的阐释方法之前，仍将沿用这一对立模式。但即便如此，有一点还需重申：“感性”与“理性”这两个概念很大程度上是我们人类为了自身研究的需要而进行不断提纯后，人为制造出来的一组对立关系。这是人对自身研究能力之局限性的让步，或者说是对人类自身逻辑思维所固有的二元对抗之极端模式的妥协，是不得已而为之。因此，这并不意味着将“感性”与“理性”分而治之是研究人性的最佳方案，我们切不能因此误以为“感性”与“理性”在一个人身上果真是两个黑白分明、水火不容、绝然对立的矛盾机制。

下文中笔者将在诗歌语言与感性语言、理智语言与理性语言之间相互一一对应的关系，并在此基础上展开进一步的讨论。不可否认，这种对比一定存在着偏颇之处，但笔者愿意担此风险并希望借着这略显片面的对比，能或多或少阐明诗歌语言的特点及优势，进而为这种目前尚显新颖的道德教育语言艺术的革新与尝试凿开一条通道。

诗歌语言发乎于情感，源于心动，基于直觉；
理智语言发乎于事理，源于经验，基于逻辑

诗歌语言与我们习以为常的日常语言有较大差别，即使它看起来用的每一个字、每一个词语、基本的语法规则都与日常语言无异，但是当这些字词组合在一起，便产生了一种神奇的力量。这种力量有时像一口深井，引我们穿过黑暗探入另一个时空；有时像一盏灯能点亮我们的心智，让我们对生命的更高界面有一个瞥见；有时像一泓清泉能冷却我们的焦躁不安，使我们恢复事理通达、心气和平；有时像一道闪电，穿透我们的皮囊与灵魂的皱褶，让我们与人性赤裸裸地打了一个照面。而把这些文字粿合在一起，赋予它直指心灵的洞见的那种“魔法粉末”便是——情感，很深的情感……

它可能是对一个人的热恋，比如徐志摩的：

一生至少该有一次，为了某个人而忘了自己，

不求有结果，不求同行，不求曾经拥有，

甚至不求你爱我，只求在我最美的年华里，遇到你。

ps：……一生再也不敢那么勇敢，为你……

又如泰戈尔的：

你微微地笑着，不同我说什么话。而我觉得，为了这个，我已等待得很久了。

它可能是对某段时光的怀念，比如纪伯伦的：

我们已经走得太远，以至于已经忘了当初为什么而出发。

它可能是对自然的沉醉，比如歌德的：

大自然呀！

我们大家都活在你的怀抱里，我们无力步出你的范围，也无法超越你的深度。

它可能是对自由的沉思，比如纪伯伦的：

你们想要丢弃以换取自由的，不正是你们自由的一部分？……

当你们的自由摆脱桎梏，它会成为更大的桎梏。

它可能是对生命的无限热爱，比如泰戈尔的：

生活以痛相吻，我回报以歌。

又如里尔克的：

愿你自己有充分的忍耐去担当，有充分单纯的心去信仰。

请你相信：无论如何，生活是合理的。

虽然我们接触到的诗歌语言风格多变，时而醇厚，时而清新，时深时浅，但所谓“风格”不外乎一种呈现于外的表象，一旦我们刺穿这些迥异的表现方式一路深入、仔细回味，会发现不论诗歌语言看似多么恬淡轻灵，多么冷峻深刻，底下涌动的尽是对生活、对生命的一腔热忱。那是一份浓郁醇厚的情感，是一份炙热沸腾、难以平复的深情款款。

深情厚意是诗意的本质，它就是背后那个持续不断滋养诗歌语言的源头活水，同时这也是诗歌语言之所以给人感觉清新脱俗的奥秘——任何语言，一旦饱含深情，便会从一句平淡无奇的日常表达变身为一个充满灵气的诗歌语言，散逸出打动人心的奇异光彩，比如木心的“那口唇美得已然成了一个吻”“燃烛、独对雕像，夜夜文艺复兴”。诗歌语言常常始于一个人的怦然心动，于是他以文字为符号记录下这一段心律，借语言为色彩泼染出这一幅精神的肖像，寄情其中、抒发胸臆；而诗歌语言的传递往往通过人与人，或者人与自我的心意通达的情感共鸣。它具有一种“一棵树摇动另一棵树，一朵云触碰另一朵云，一个灵魂唤醒另一个灵魂”的深层感染力。它能不经意间穿透那覆盖在我们心灵表面的、由怀疑与冷漠冻结而成的坚冰，直入心扉，抵达灵魂的最深处，唤起一些童年时代与我们如影相随，却正在逐渐枯萎耗尽的单纯、天真与美好。

相比于理智语言，诗歌语言不看重表达内容的内在逻辑性，或者说，大多数情况下我们常说的理智语言的逻辑性与诗歌语言分处于两个互不相关的界面，不在诗歌语言的思虑范围内。与理智语言相比，诗歌语言自成一个独立体系，它善于以一种敏锐的洞察力在那些看似不同门类、格格不入的事物之间发现或建立起一种更为原始也更为神秘的内在联系，就像大海、花朵与我——（海子）“面朝大海，春暖花开”，或者像“知”与“情”——（木心）“无知的人总是薄情的。无知的本质，就是薄情”。它甚至能借着人类精神所共有的某种深沉情感来打通人与生俱来的那些不同的感官带来的全然相异的直观感受，如眼耳鼻舌身分别具有的视觉、听觉、嗅觉、味觉、触觉以及它们综合而成的更具整体性，也更玄妙的一种感知能力——我们一般称之为“直觉”，而这种在各类感官体验之间自由切换的能力——我们一般称之为“通感”。诗歌语言就具有“通感”这种神奇的魔力，它能把我们的视觉感受自然而微妙地转化为我们的听觉感受——（北岛）“道路追问天空，霞光在玻璃上大笑”；把一种理智的认知揉搓为一种感性的直观——（木心）“规律背后，有命运在冷笑”；或者把一个单纯的情愫或心绪弥漫为一种全方位的存在性的生命感悟——（三毛）“一个人至少拥有一个梦想，有一个理由去坚强。心若没有栖息的地方，到哪里都是在流浪”，（纪伯伦）“记忆是一种相逢，忘却是一种自由”。

这些诗歌语言，如果我们试图用理智的逻辑性去加以分解剖析，不但会毁坏那种浑然天成的情感之美、觉悟之灵，也必将会遭遇逻辑分析的徒劳无功——它们的词语组合是如此诡异，语法是如此另类，表达的意思是如此似是而非，意境是如此恍惚而抽象……不得不说，用逻辑思维去解读诗歌语言，是两者共同的狼狈与悲哀——一个不解风情，一个暗自神伤。归根到底，理智语言是逻辑的，诗歌语言是非逻辑的——这种非逻辑性（non-logical）不是对逻辑性的否定（illogical）或逆反（anti-logical），而是在其本根处便与逻辑性分属两个不同科目，各有魅力却不能混为一谈。

综上所述，诗歌语言源于情感，理智语言源于事理——“事”意味着理智语言源于现实之经验性，“理”意味着理智语言的基础是推理之逻辑性。由于在“信仰语言”的第一部分，即信仰语言的特点与优势，已对理智语言的现实性和逻辑性有了较为详尽的论证与阐释，所以此处不作赘述。

在此，笔者就自身长期以来在大学道德教育课程教学中使用理智语言与诗歌语言的心得，愿意与读者分享一个颇为有趣的却并不十分严谨的结论，即不论理智语言还是诗歌语言都离不开经验。这种经验可以来自亲身经历，也可以源于他者的故事，但是诗歌语言往往是对某一个经验在深度上有所体悟而萌生的灵感。这种灵感与经验数量的多少没有必然关系；而理智语言则依赖于经验的数量，它是对大量同类或相似经验的采集与分析后的规律性总结。简言之，诗歌语言是对经验的微观演绎，它体现了经验的深度——单个经验带给人的感受深度；理智语言是对经验的宏观归纳，它基于经验的广度——经验样本达到一定数量与广度时的共性分析。举个简单的例子，诗歌语言中的“爱”是“那一世，转山转水转佛塔，不为修来世，只为途中与你相见”(仓央嘉措)；理智语言中的“爱”则是“对人或事物有深挚的情感”。前者发于某个人刻骨铭心的生命体验；后者是大众感受的普遍性总结。当然，在此这个结论只算得上灵机一动的怪谈，不能作为严密的科学结论，只希望在阅读之余能给读者带去一点发散性思维的趣味，平添一点理论研究的余兴。

正因为诗歌语言发乎于情感，理智语言发乎于事理，所以这就牵带出它们的第二个特质……

诗歌语言具有鲜明的主观性
理智语言具有普适的客观性

诗歌语言，亦如文学、绘画、音乐、舞蹈等艺术的其他形式，带有挥之不去的主观色彩。它的意味和内涵诉诸于每一个人自身的经验、阅历、回忆、感悟等，通常因人而异。俗话所说的“一千个人眼中有一千个哈姆莱特”正是对于艺术这种奇妙的人类文明形式所具有的浓郁的主观性的一个描述。而诗歌语言作为其中的一支，也遗传了艺术母亲的这一基因。同一句诗歌语言在不同的言说者口中能传递不同的讯息和味道，而在不同的听者心中也会激起不同方向、不同幅度的心潮波动，比如（三毛）“人情冷暖正如花开花谢”可以被言说者或听者置于不同的情境之中，由此，其意味也将全然不同——有的人将它指向人情的无常与多变，于是悲伤与无奈油然而生；有的人则是怀着对有情世界的理解和宽谅，将它归于生活的真味，平常而坦然。再如泰戈尔的名句“生如夏花之绚烂，死如秋叶之静美”亦复如是——有人感同身受于前半句，深切渴望着自我之生命也能如花朵般怒放；有人感慨于后半句，期待着苦难的一生最终能通过死亡而获得解脱，得到一个永恒的宁谧的归宿，通向一个长久的无梦之眠。诗歌语言的主观性使得它的内涵富有很多向度、很多层次，有无法测度的纵深，有不可穷尽的挖掘潜力……这也正是诗歌语言之魅力所在——足够的开放性，以及由此而来的广阔的包容力——即使只是寥寥数语，却蕴藏了极为丰富的内涵和非凡的容量；它富于这样的雅量，默默地容纳了人们五彩缤纷的多元感受与千差万别的自由理解。从这个角度看，正是诗歌语言的主观性极大地鼓励了听者的自发参与性，甚至可以说“一定程度上，诗歌语言的意义也是由听者在感性、具象、审美和伦理等方面的能力与气质塑造的”[1]。换言之，听者对诗歌语言的别开生面的解读实际上是对诗歌语言的再创造，而听者是诗歌语言的继续创造者。

相比于理智语言这个邻居家的孩子，诗歌语言与他的艺术母亲以及那几个一母所生的同胞兄弟——音乐、

---

① Stuart Richmond，Simon Fraser University，Canada，“Understanding Works of Arts，the Inexpressible，and Teaching：A philosophical Sketch”，quoted from《International Journal of Education & the Art》，Retrieved from http：//www.ijea.org/v11i1，p.9

舞蹈、绘画……在精神气质上一脉相承，无论对它们的创造，还是对它们的理解，都包含着“个人的体验”[①]，因而它们都富有如此浓郁的主观色彩却没有一个客观普遍的标准答案。这使得它们能容纳来自各个年龄、性别、职业、教育背景的人从自身角度对它们加以解读。这种解读通常是私人性的、个体性的、情感化的、回应式的。像大多数艺术语言一样，诗歌语言也在等待着知音的出现，一旦遇上了那个心领神会的人，它就会像花朵一样向着他毫无保留地盛开，而那一刻它也将成为对他的人生的一个回应，对他的心情的一个写照，在他耳畔掠过的一句贴心话，而不再只是一个外在于他的无关痛痒的表述、观点或理论。比如（木心）“行人匆匆，全不知路上发生过的悲欢离合”——这“悲欢离合”四个字常常会戳中听者心底的某一段隐秘的往事，因人而异却不一而同；再如（泰戈尔）“不要着急，最好的总会在最不经意的时候出现”——对一些人而言是一份慰藉，对

① Stuart Richmond，Simon Fraser University，Canada，“Understanding Works of Arts，the Inexpressible，and Teaching：A philosophical Sketch”，quoted from《International Journal of Education & the Art》，Retrieved from http：//www.ijea.org/v11i1，p.9

另一些人而言却勾起了一个美丽的回忆……

再看一墙之隔的理智语言，我们对理智语言的理解力本质上来源于我们对因果逻辑的普遍认同，所以对它的解读一般不需要如此复杂的预设或前提，最后也不会得出如此多样化的结论。理智语言究其实质是由众多首尾相连的“因”和“果”串连而成的有序关系。那就是它内在的线性结构——从这个“因”会导向那个“果”，而那个“果”会成为下一个“因”，进而催生下一个“果”，如此环环相扣，严丝合缝。一个人，不论他的年龄、性别、职业或教育背景，当他去解读理智语言时，他的个体性一定程度上是被忽略的，他曾经的人生经历、当下的志趣梦想也都变得无关紧要。他需要做的就是沿着那一个既定的逻辑线索往前走，“顺藤摸瓜”——一般而言，顺着这根藤，不论是谁，摸到的往往是同一个瓜，没有太多悬念或意外，也不存在所谓的“个体差异性”。比如在第一部分信仰语言中我们使用过的理智语言的例子“一叶落而知天下秋”或者“我为人人，人人为我”——它们中前者代表了一种不为个人意志所左右的客观现象，而后者代表了一个放之四海皆准的逻辑推论。由此可见，理智语言与诗歌语言相比，前者是一条冷峻严谨的科学之路，后者是一片自由散步的土壤；前者是化繁为简的共性提纯，后者是各自绽放的山花烂漫。

以上涉及了诗歌语言的情感性源头与主观化本性，由此决定了诗歌语言在表达风格上……

诗歌语言意在言外，胜在意境的感染力
理智语言则意在言中，胜在语意的清晰度

诗歌语言发乎于情，而至深的情感往往是无法用语意精准的词汇来表达的，就像千言万语在两个生死不渝的爱人之间最后也只是化作一句朴素的“我爱你”。更何况很多时候情感是如此复杂而难以描述。远比概念、逻辑或理智复杂得多，就像日常生活中我们常使用的“百感交集”“爱恨交加”“感慨万千”“错综复杂”……这些词语展示了我们的语言和词汇面对人类无限丰富的情感世界时所遭遇的贫乏与无力，同时“不可思议”“妙不可言”“言不尽意”等等词汇的存在更是从否定的角度佐证了人类至今为止的语言系统面对那个更加深不可测，也更加神秘奇特的人情世界有一种颇为清醒的自知

之明和心怀敬畏。

诗歌语言的天赋所在不是说明、阐释或者议论，而是描绘、抒情和启示。由那些文字构建而成的语意对诗歌语言而言就像是临时搭建起来的一个梯子，借着它，人们可以跟随着言者的意识流一路追溯，但最终的目的地不是由他指定的，而是各自通向每一个人心底深处的某一个房间。在那里，一些在时间中业已沉淀并被淡忘的情感得以复苏，跃然心头，随即而来的是整个存在发生了震荡。就像一颗小石子丢进了一片宁静的湖泊，于幽静中缓缓地向周边传递出层层涟漪，最终整片湖泊开始起伏——这就是诗歌语言的力量（笔者相信这同样也是音乐的力量所在）——一股直抵内心的柔情、一个美得让人无法拒绝的召唤——比如（梁实秋）“你走，我不送你；你来，无论多大风多大雨，我要去接你”——这触动了多少人埋在心灵深处的那一片痴情，那一份执着与专注。值得注意的是，在这个过程中，梯子已然被忘记、被遗弃，它变得不再重要了。正如“以手指月”——手指是工具，我们顺着手指找到明月，但手指不是明月，望见明月的那一刻，手指也就被忘却了。诗歌语言的文字以及由文字构成的语意亦如是，它就像一把钥匙，我们可以用它打开心门，而一旦心扉敞开了，它就自动隐退了。解读诗歌语言，解读的不是每一个字、每一个词或者每一句话的实意，而是在品味字里行间的虚境——虚境比之实意，深远得多；换言之，体会诗歌语言，不是去体会它已经说的，而是去领略它没有说的——它没说的比它已说的，丰富得多，有趣得多，动人得多。诗歌语言之真味不受文字和语意的限制，它关注的不是某一个具体的事件或者某一个抽象的理论，它是在描绘一种神韵、一种存在。

诗歌语言借“实”言“虚”，以“实”务“虚”——那些可见可闻的文字词汇只是一个载体，承载的是不可见不可闻的精神世界；诗歌语言以“一”表“千万”，以“具体”说“抽象”——上例中“你走，我不送你；你来，无论多大风多大雨，我要去接你”——“你”不再是那个“你”，而是千万个“你”，“我”也不再是这个“我”，而是千万个“我”，“风雨”也不只是那一天的“风雨”，而是历尽艰难险阻……当听者领会了此中的一往情深，当下这些文字和语意——“你”“我”“风雨”“接送”便被超越了；当听者深受感染而进入了那个意境，那么组成这一诗歌语言的词语便随风而去了。

与诗歌语言相对照，理智语言则是另一番格局。诗歌语言之强项——描绘、抒情和启示恰是理智语言的软肋，而诗歌语言无力承担的阐释、说明或议论则是理智语言的专长，对于“一切（理智）语言，只要是由词语构成的，就旨在传达观念或概念——这是（理智）语言的意义所在。一种（理智）语言在传达观念或概念时越是清楚和没有歧义，此种（理智）语言便越好”[①]。所以，与诗歌语言之“意在言外”不同，理智语言“意在言中”，它不具备也不需要，甚至要严格克制诗歌语言那种无穷无尽的意义的延展性或情境的发散性。理智语言追求的从来是定量定性的严谨性，是有一说一的准确无误。举例来说，前文中提到在诗歌语言中，嗅觉可与视觉互通，听觉可与触觉交感，五官相通、百感交集。而这种边界暧昧、盘根错节的混沌感恰是理智语言要尽

① 〔德〕鲁道夫·奥托著，成穷，周邦宪译，《论“神圣”——对神圣观念中的非理性因素及其与理性之关系的研究》，四川人民出版社 1995 年 1 月版。

力避免的情况，以防因为条理不清、逻辑不明而造成说明和理解上的双重困境。可见，对于诗歌语言来说，语意可以是模糊的，但“模糊不一定就是缺点。像‘傍晚’‘幸福’等我们习以为常的词语的含义本身就存在一定的弹性，而无法被严格定义的，这种模糊性带来的弹性是有益的”①，甚至很多时候是必要的和充满魅力的，因为模糊性某种程度上可以被视为“开放性”的另一个代名词，由此为那些来自不同方向、不同对象的灵光一闪提供一个足够广阔的领悟的空间。而对于理智语言来说，它的语意——包括概念、命题、思路、因果——必须是明确的，因此要最大程度地实现理智语言的意义和价值，就必须着力于不断提升其语意的清晰度。惟其如此，才能使得听者在理解理智语言时找到确定的方向感和明晰的逻辑性。也正是基于这个原因，理智语言在医学、法学、经济学、金融学、科学等领域备受推崇，获得了相当广泛的运用和普遍的信赖——这是诗歌语言望尘莫及的。

---

① Stuart Richmond，Simon Fraser University，Canada，“Understanding Works of Arts，the Inexpressible，and Teaching：A philosophical Sketch”，quoted from《International Journal of Education & the Art》，Retrieved from http：//www.ijea.org/v11i1，p.6

综上，诗歌语言相对于理智语言，富有更多的情感性、主观性、开放性（此处也可理解为“模糊性”），后者则更偏向于逻辑性、客观性和确定性，由此决定了听者需要通过两种截然不同的途径来加以解读……

理解诗歌语言依赖于“同情”
（或情感的共鸣），需要想象力
理解理智语言落实于观念的共识，需要逻辑推导能力

诗歌语言本质上是情感性表达，它发乎于情——言者的有感而发；也止乎于情——听者的怦然心动，就像（泰戈尔）“你的负担将变成礼物，你受的苦将照亮你的路”——起始于泰戈尔本人对人生之不幸心怀宽容的接受与领会，终结于你、我或他对自我生命某一段不可承受之重负的回顾与释怀。这种情感性决定了诗歌语言带有浓郁的主观性——它从言者的主观感受开始，由听者的主观延伸结束。这使得诗歌语言具有与理智语言相比更广的开放性、更大的包容力，每一个听者或许会从同一个起点出发——言者所抒之情，却不会在同一个终点结束；各个来自四面八方的“自我”顺着言者的文字

与情感发生精神的碰撞，而后又四散开去、独自开花。理解诗歌语言与理解理智语言的方式全然相异，理解理智语言需要尽力排除个人因素的干扰，以确保逻辑的不偏不倚、客观中立；而理解诗歌语言恰恰相反，它强调听者作为一个原子个体的亲身体验、看重每一个独特的“自我”的主观情感的参与。它时刻在引诱个人“私情”的介入，召唤每一个人私密的潜意识乃至无意识的解放，每一个“我”的投入都会无形中拓展诗歌语言的容量、增加它内在情感的层次感。

理智语言是一种公共语言，理解它是一个定向的摸索过程，对任何一个听者来说，一般只有理解与不理解之区分，却不会出现如何理解的差别。理解诗歌语言则是一个没有既定轨道的随心而动、无章可循的过程，归根到底它是一种流动在个体与个体之间的“私人语言”，即使它在公共场合被表达，要理解它主要依赖的仍是活动在某一颗心与另一颗心之间微妙的同频共振。诗歌语言就像空气中充满的无线电频道，即使它们是公共的，然而大多数收音机接收不到，只是错过，但某一两台收音机在某一刻却捕捉住了那转瞬即逝的某一频道的信号，那一刻它们遇见了，对接了，接通了。这个比喻或许未必精准，但这种活跃于私人层面的神秘的沟通方式非常接近于人们对诗歌语言的理解——一般我们称之为“情感的共鸣”，或者也可以将它称之为广义的“同情”。这里笔者所提到的“同情”不同于我们日常生活中用来作为“怜悯”或“体恤”的那个近义词，“‘怜悯’和‘体恤’是我们用来对别人的悲伤表示同感的词。‘同情’，虽然原意也许与前两者相同，然而现在用来表示我们对（别人的）任何一种激情的同感也未尝不可”[①]。这里，要真正理解诗歌语言，需要的正是这样一种“同情”——一种能对他人的内心世界感同身受或者能对他人的处境设身处地的能力。通过这种能力，听者才能切身体会到言者寓于文字之中的那一个难以名状的情绪，进而把握诗歌语言那常常是逸于言外的情意与深味，然后借此情此境再度转入对自我精神的观照、对自我灵魂的窥见。举例来说，比如我们对（海子）“面朝大海，春暖花开”的领会——首先我们需要跟随着海子的文字进入那个他

① 〔英〕亚当·斯密著，蒋自强、钦北愚、朱钟棣、沈凯璋译，《道德情操论》，商务印书馆 1997 年 12 月版。

一度置身于其中的图景，身临其境那个开阔而温暖的世界，而后才能设身处地去感受他当时所体验到的那种混着潮湿、芬芳与温暖的豁然开朗，然后才是我们发自内心的、因人而异的个人感受。对有些人而言或许是一份心灵的宁谧，或许是一股灵魂向上升华的力量，或许是一种物我两忘的融化……但理解诗歌语言的前提与根基是“同情”——对他人之情境感同身受的能力。

但是如何才能对一个陌生人感同身受或设身处地？想象力！“由于我们对别人的感受没有直接经验，所以除了设身处地的想象外，我们无法知道别人的感受……通过想象，我们设身处地地想到自己忍受着所有同样的痛苦，我们似乎进入了他的躯体，在一定程度上同他像是一个人，因而形成关于他的感觉的某些想法，甚至体会到一些虽然程度较轻，但不是完全不同的感受”[1]。如果我们在日常生活中有一些细心的觉察，我们不难发现很多类似的事例，“当我们看到对准另一个人的腿或手臂的一击将要落下来的时候，我们会本能地缩回自己

---

① ［英］亚当·斯密著，蒋自强、钦北愚、朱钟棣、沈凯璋译，《道德情操论》，商务印书馆 1997 年 12 月版。

的腿或手臂；当这一击真的落下来时，我们也会在一定程度上感觉到它，并像受难者那样受到伤害。当观众凝视松弛的绳索上的舞蹈者时，随着舞蹈者扭动身体来平衡自己，他们也会不自觉地扭动自己的身体，因为他们感到如果自己处在对方的境况下也必须这样做”[①]。这种以己度人的想象力近乎人类的本能，虽然“（我们的想象）只能告诉我们，如果身临其境的话，我们（自己）将会有什么感觉”，但借此我们会自然而然逼真地推想到他人在不幸遭遇时所产生的感受，并因而“为他人的悲哀而感伤”[②]。“引起我们同情的也不仅是那些产生痛苦和悲伤的情形。无论当事人对对象产生的激情是什么，每一个留意的旁观者一想到他的处境，就会在心中产生类似的激情。我们为自己关心的悲剧或罗曼史中的英雄们获释而感到的高兴，同对他们的困苦感到的悲伤一样纯真……我们同情英雄们对在困难之时未遗弃他们的那些忠实朋友所抱有的感激之情；并且极其赞同他们

---

① 〔英〕亚当·斯密著，蒋自强、钦北愚、朱钟棣、沈凯璋译，《道德情操论》，商务印书馆 1997 年 12 月版。

② 〔英〕亚当·斯密著，蒋自强、钦北愚、朱钟棣、沈凯璋译，《道德情操论》，商务印书馆 1997 年 12 月版。

对伤害、遗弃、欺骗了他们的背信弃义的叛徒们所抱有的憎恨之情。在人的内心可能受到影响的各种激情之中，旁观者的情绪总是同他通过设身处地的想象认为应该是受难者的情感的东西相一致的”。因而我们常常也会“把别人的幸福看成是自己的事情，虽然他除了看到别人幸福而感到高兴以外，一无所得”[①]。不可否认，每一个人都是独一无二的，但纵使人类在个性上千差万别，人性中仍然存有一些显而易见的共性——也就是我们常说的“人同此心”。正是基于这原始而奇妙的“同心”，人凭借着他的想象力可以使他打破与一个他者、一个旁人、一个陌生人、另一个人，甚至是一头动物、一株植物之间的天然壁垒，与之产生心灵的共振、情感的共鸣，可以使他超越不同种族、不同文化、不同性别年龄的差异而对另一个人将心比心、感同身受，进而萌生同情。可以说，人的想象力与他的同情心总是结伴而行、形影相随，想象力的贫乏不自觉地会带来同情心的匮乏，其最终结果往往是麻木和无情。

---

① 〔英〕亚当·斯密著，蒋自强、钦北愚、朱钟棣、沈凯璋译，《道德情操论》，商务印书馆 1997 年 12 月版。

要理解诗歌语言，需要的就是这样一种对悲欢离合、喜怒哀乐、爱恨情仇等人之常情能感同身受的“同情”，“在此，与生命的连接是至关重要的”[①]，而这在发生机理上很大程度上依赖于人能身临其境的想象力与设身处地的自我参与性。而理解理智语言的路径则与之背道而驰，它不需要情感、激情、情绪、感动……它恰恰需要的是我们放下与“个体性”相关的一切因素，收敛感性，节制想象力，尽可能从客观角度冷静观察、思考与分析，严格遵循那一套约定俗成的概念系统，遵循那具有一定公共性的逻辑线索，忠实于原意而无需任何个性发挥地去理解一个观念、一个推导过程或一段理论表述。

不妨这样说，我们借着理智语言，理解的是外在于我们的他者世界（某个他人的想法、某个外在于我们的事实、某个客观存在的道理……）；而我们借着诗歌语言，理解的是我们自己的内心世界。

在此值得一提的是，就信仰语言的表现手法或者说

① Stuart Richmond，Simon Fraser University，Canada，“Understanding Works of Arts，the Inexpressible，and Teaching：A philosophical Sketch”，quoted from《International Journal of Education & the Art》，Retrieved from http：//www.ijea.org/v11i1，p.9

表达风格而言，如“迂回性和启发性，它与诗歌语言具有很高的相似性”[1]。“它们具有一种类似的特质——它们遵循语法规则，却能制造画面感，能唤起情感，并且常常给人一种印象，它能传递一些深奥的真理”[2]。它们都具有一种语言的“图示化”功能——语言文字不只是在传递一种信息，让人们知情；它们同时还能像颜料色彩一样描绘一些画面、构建一些情境，使人能不自觉地身临其境，融入其中，内在的记忆、想象、情绪、灵感由此被唤醒。在这一过程中，它们潜移默化地对人的心灵世界发生着影响，而人的精神状态也在不知不觉中发生着蜕变。

由此，我们可以得到一个大致的结论：与理智语言主要诉诸于人的头脑、人的思想世界相比，信仰语言与诗歌语言的作用点则是人的心灵，或者说那个神秘的、我们难以否认的精神世界。在信仰语言中我们时不时会体验到个人之生命与宇宙之大道的契合，在诗歌语言中我们不经意间会领悟到自我之情感与普遍之大爱的接

---

① Peter Donovan，Religious Language，1976，Sheldon Press.

② Peter Donovan，Religious Language，1976，Sheldon Press.

轨。那是一种个体与整体、主体与客体、自由与自然、实然与应然相融为一的美妙感受，是“小我”在更广阔的背景中回归入“大我”的觉醒与重生。人有现实也有梦想，有理智也有情感，信仰语言的超越性与诗歌语言的情感性，切合了人心与生俱来的对梦想的企望和对情感的渴求。这种企望与渴求是神圣的，却也是脆弱的。在遭遇现实中种种不幸的事实或残酷的真相时，它们非常容易夭折，它们需要常常得到支持与鼓励。信仰语言与诗歌语言这两种与理智语言相异却同样富有无穷力量的非理智语言（non-rational expressions）恰是承担这项使命的最佳选择。它们擅长在人们处于低靡的“灵魂的暗夜”时，为它照进一束光，燃起一点希望，那或许是一点微光，却可以重振人心对真善美“虽不能至，心向往之”的勇气与决心。

诗歌语言与道德的契合点

由上可见，诗歌语言的特点如下：情感性、主观性、开放性（或是“模糊性”）、需要“同情”与想象力。

这与道德有诸多天性相投之处。

首先，情感性本就是道德的一个面向，道德情感是道德家族中至关重要的一员，甚至可以说它是道德行为的直接驱动力——如果我们暗自回顾一下自己在现实生活中实践德行的整个过程，我们不难发现与道德理智相比，很多时候道德情感才是那个关键时刻最为根本的“奋力一推”——“感情具有极大的鼓舞力量。因此，它是一切道德行为的重要前提”[①]。在这个意义上说，“问心的道德胜于问理的道德，所以（在道德与良知的问题上）情感的生活胜于理智的生活”[②]。而道德情感一如其他类型的情感，是逻辑无法解释或推导的；对真善美的热忱一如对任何事物的热爱，是理智语言无力表达的。一旦我们涉足于情感领域，似乎我们就会本能地把我们的语言从理智的逻辑的转化为诗意的感性的。这就是为什么情人间互诉衷肠的文字总是诗歌，总是一些浓情炙热、结构松散，常常语病百出、语无伦次、梦呓般的片

① 杨大伟著，《凯洛夫〈教育学〉在中国和苏联的命运之研究》，中央编译出版社 2012 年 8 月版。

② 朱光潜著，《给青年的十二封信》，广西师大出版社 2004 年 12 月版。

语只言，比如（木心）“你尚未离开，我已在心里给你写信”，（徐志摩）“如果你忘了苏醒，那我宁肯先闭上眼睛”。这并不是表达上的失误，而是情到浓处理智语言自然匮乏的正常状态——情太多了，理智语言这个容器装不下了。我们可以尝试用理智来解释情感，但情感并不源于也不依赖于理智或理性的分析——我们或多或少有过类似的情感经历。我们之所以对一个人动感情，不是因为他是人群中最优秀的那一个或者长得最帅的那一个，或者他具有 A、B、C 等可圈可点的优势，而是出自一种说不清道不明的理由。不可否认，前面提及的他的那些优点一定是促使我们欣赏他、对他萌生好感的重要元素，但仅仅这些却不足以构成“我爱他”的本质。爱比欣赏更深刻也更奇幻，它们是不同界面的东西——欣赏的原因不外乎是一些令人赞许的优点长处，而爱是没来由的，即使有，也说不清；欣赏或许算得上一个理智事件，而爱实质上是一件心灵事务。所以理智事件需要理智的解释手法，心灵事务则需要情感的抒发方式；同样的，说得清有说得清的表达方式，说不清有说不清的表达方式——前者是理智语言的专长，后者则属于诗歌语言的权限。同理可推，一个人真正热爱道德、在意道德、对道德心有所属也是如此。关于道德的种种可以说得清的必要性与重要性自然是道德能吸引人的优势所在，但这还够不上“真爱”，对道德的热爱正如对某个人的热爱，必定包含了一些确定却说不清的东西。而这部分说不清的内容该如何去说？诗歌语言当仁不让！

其次，人们通常持有这样的一个既定之见：价值评判似乎是一个客观事件——对与错、是与非有一套相对稳定的公共标准。比如，一般来说，助人总是对的，损人总是错的；救人总是对的，害人总是错的。这在理论上没什么问题，但却并不足以帮助我们判断或处理生活中的具体道德事件。因为现实生活中处处都有道德两难的情形，时时会遭遇助人与损人、救人与害人同步发生的状况……理论可以简化，事实却依旧复杂。比如，在哈佛大学迈克尔·桑德尔教授的课程“What is Justice？”中就罗列了很多相关的有趣案例——无一不让人左右为难、进退维谷的道德难题——例如作为一个铁路扳道工的“我”，在一辆火车失控的情况下，如果不作为，那么火车将轧死 5 个人。如果“我”扳道使得火车改变原来的轨道，则会轧死2个人，那么“我”应该有所行动吗？又或者，如果“我”把车上的一个大块头推到铁轨上可以阻止火车继续行进，从而以1个人的牺牲来挽救其余更多的生命，那么“我”当推不当推？——“To be or not to be”不只是莎士比亚的文学问题，而是每一个“我”此时此刻当何去何从的现实问题，它关乎“我”的每一个选择、每一个决定、每一个行动以及由此引来的一连串与之相应的、可预见和不可预见的后果、责任……每一个“我”都是不同的，即便每一个“我”都心怀善意，对同一事件的判断仍会因为不同的“我”各自的成长环境、文化背景、教育阅历而有所不同。而基于不同的判断所做的选择也就自然不同，随之而来的行动因此会有很大差异，与之匹配的后果也就大相径庭——道德不论多么美好，归根到底还需落实为每一个“我”扪心自问之后的实际行动，而无法用“一刀切”的方式以同一根准绳去规定。世界上有那么多的“我”，有那么多颗“心”，每一颗心有它自己的“心声”。这就使得我们的道德在现实中根本不可能回避其“个体性”与“主观性”的命运。

就上述的那些道德两难问题，我们很难给出一个令所有人信服的标准答案，很难坚决地评判这样做一定比那样做更正确更善良更合乎天理。这也足以向我们说明道德问题自身本有的那种模糊性，或者说答案的开放性。事实上，众口一词的道德答案在实际生活中只是一个少数事件，大多数情况下众口难调才是真相。而在这种情况下，诗歌语言即使不比理智语言更有说服力，至少可以用它的情感性方式给人宽慰、助人静心。静心或许不能直接解决道德问题，但一个人一旦静下心来就能更看清自己，更了解自己的“心”，也就更听明白自己的“心声”。这实质上是在间接地帮助人们扪心自问，并由此采取行动。

最后，关于解读诗歌语言所需的“同情”与达到“同情”所需的想象力。毋庸置疑，“同情”这个词源头就根植于道德领域。而对道德领域内的“同情”问题论述最为详尽的当属亚当·斯密的《道德情操论》，这本伦理学经典之作的关键词便是“同情”以及通达“同情”所需要的想象力。笔者在此不再赘述，只是简单地重申：诗歌语言与道德在“同情”或想象力这一点上实为互通彼此，一脉相承。

综上，道德是一个内涵极为丰富的范畴，它是由众多组成部分交织而成的一个整体——完整的道德包含了道德理智、道德情感以及道德实践（或称德行），而三者共同的源头是道德信念或称道德信仰。因而在道德教育工作中，如果我们需要用文字或语言全面而透彻地阐明道德，仅仅是理智语言是远远不够的。不可否认，它在说明道德理智方面具有极大的价值，但它自身仍存在避不开的局限性——在道德情感领域往往显得心有余而力不足，这里我们需要的是情感语言。而众所周知，诗歌语言在表情达意方面具有得天独厚的优势，恰能以其所长弥补理智语言之所短，可被倚赖而用作道德教育中培养道德情感的重要媒介。在理智语言用它晓之以理的特长征服听者的逻辑思维的同时，诗歌语言可以凭借其富有启发性的非逻辑表达方式动之以情，不知不觉中渗透听者的内心世界，使听者于情感共鸣之际自发地扪心自问、将心比心，进而设身处地、感同身受，心生“对他人苦难的悲天悯人的情怀”（罗素）。而这正是道德情感的全部核心所在——弥足珍贵的“同情”。理智语言与诗歌语言各有所长，两者的差异一方面暴露了各自的局限性，但另一方面正是这样的落差才使得彼此的互补成为可能。正如法国谚语“Diff é rence de l’ amour”（译为“热爱差异”），差异带来了相互的需要，热爱差异就是成全相濡以沫的美丽。道德信仰、道德理智与道德情感，它们各自需要信仰语言、理智语言和诗歌语言来为它们代言。这三者没有孰高孰低、孰轻孰重，它们各领风骚、各美其美，若能相辅相成，则是成人之美且相得益彰，如此三者各司其职、各尽其能，将会共同缔造我们道德教育的繁荣与灿烂。

诗歌语言在道德教育实践过程中的操作方法

坦率地说，这是一个难题，我们将要探讨的这个主题——“诗歌语言在道德教育实践过程中的操作方法”——换言之，可将它翻译成“如何使得教育者在道德教育实践过程中富有诗意”？而之前我们也提及诗歌语言本质上是一种情感语言，无论是情感或是诗意，都属于很难用固定标准去把握的人类的感性领域。它们都是发自内心的，是有感而发的，是灵光一闪的，绝大多数时候是随机萌生的。换言之，它们都是无法强求的，是不确定的，是无法提前准备的，否则难免沦为矫揉造作。在这里，笔者绝不希望把诗歌语言的实践变成一种对如何培训和提升教育者在课堂里声情并茂、诗情画意的“表演艺术”的探索，也不希望把它变成一种刻意的催人泪下或引人愤怒的煽情之举。笔者相信，我们所有人都有这样的感受：只有当语言是发自肺腑的时候，哪怕这语言显得朴实无华，它才具有涤荡人心的穿透力和感染力，就像歌德对他的学生艾克曼说的“是什么人终归是什么人……如果是玫瑰，它总会开花的”；只有当语言出于真情实感，包含着诚挚与率真时，它才能真正实现“以心传心”的教育效果。

所以，事实上在这一章节里我们将不得不处理这样一个两难的问题：一方面，当下我们似乎正在颇为刻意地探讨在道德教育中使用诗歌语言的方法与手段；另一方面，我们似乎又要保持高度警惕，防止对诗歌语言的使用演变为一种“蓄意”，从而变成一种“演戏”或“煽情”。这两者看似本身就有些自相矛盾，然而笔者认为这两个问题最终可以综合表达为这样一个主题，即“如何能使教育者在道德教育中真情流露”？——毕竟，真情实感是诗歌语言的原始发源地，若是有了真情流露，诗歌语言一定程度上就是浑然天成的。回顾一下我们身边每一个陷入爱河的青年，当他们面对或者思念他们的爱人时，连他们当中最笨嘴拙舌的人也在不知不觉中变成了诗人，所说所写皆饱含诗意。为什么？情之所至，真心使然。换言之，虽然情感或诗意一般而言在我们大多数人印象中不是一个可以呼之则来、挥之即去的东西，它们从不听命于任何人理智的调遣，不是我们通过沐浴更衣焚香或者守株待兔能收获的。它们像是精灵，常常在一个人毫无防备的情况下拨动了某一根心弦，令人心潮起伏；但是这不代表它们是完全无序、毫无规律可循的。这就是为什么我们偶尔会发现身边总有这么一些人，他们相较于其他人似乎更容易展现自己的真性情，也更容易赢得他人的信任，他们似乎有着更丰沛的情感，更敏锐的感知触角，更多彩的精神生活，对生命对生活对爱怀有永不消退的深情与信仰。这使他们即便在日常琐事之中仍是那么诗情画意，面对柴米油盐仍不失浪漫多情，时不时会口吐莲花，不经意间能道出我们大多数人每天都在经历，却又当面错过的一些细微而美好的人生妙境，让我们忍不住惊叹：为什么与他们之间的差别之大竟如两个世界？！如果我们去发掘一下这些人身上所具有的共同点，那么或许我们也就找到了那些能够促使人们“真情流露”的必要元素。

首先，真情流露的前提是真情实感的存在。换言之，若要向外传达真情实感，必须内有真情实感。这是诗歌语言的源头活水，缺之不可。以道德情感为例，如果一个人对道德并不真正发自内心信奉与热爱，没有这样的内在深情，那么即使他能在道德教育现场用诗歌语言将道德描绘得美轮美奂，说到底那也仅仅是一种高级的“演技”、一种精致的伪装，是一种大庭广众之下、明目张胆的虚伪，是对“真诚”的背离，这本身就不够道德；但如果一个人真正对道德心存敬畏、胸怀热忱，那么他在涉及道德处境时所说的很多话，即使只是一句简单平实的日常语言，往往也会产生出一种类似于诗意的独特的情感影响力，在恰当的时机会对听者的内心形成有力的震荡。例如我们从小耳熟能详的一些民间谚语“不怕人不敬，就怕己不正”“来说是非者，便是是非人”“吃人的嘴软，拿人的手短”“君子之交淡如水，小人之交甘若醴”……这些谚语俗语看似通俗易懂，却是字字真言。可以想见，这些谚语的最初原创者对道德之是非善恶该有着怎样的一种深刻领会、对生活之人情世故该有着怎样的一份明悟。一个人，他对外的言行举止归根到底是他内在本质的外化，而他的内在本质实际上潜伏在他的一切细节中，举手投足、衣食住行、待人接物、眼神表情……民间常说的“相由心生”大意如此——心如明灯，言行举止自然处处生光；心若昏昧，举手投足难免纠结恍惚。内有温情，言语自然和风细雨，令人如沐春风；内心冷漠，言辞自当冷言冷语，使人难以亲近。“君子坦荡荡，小人常戚戚”指的大致就是这个意思吧。“坦荡荡”也好，“常戚戚”也好，那终究是一种心境。这种心境自然而然会由内而外、自里及表有所流露，可以一时伪装，但假的终归是假的，总免不了捉襟见肘，露了蛛丝马迹。因而，要真正实现诗歌语言的力量，首先内在要存乎一颗诗心，而所谓“诗心”归根到底是真情实感，所谓“诗歌语言在道德教育实践过程中的操作”

归根到底是希望我们的教育者在道德教育的实践过程里不仅仅是一个说理者，还是一个有情人。惟有当教育者是一个说理者，他所使用的教学语言才会充满理趣，由此赢得学生们理智的共识；同样，唯有当教育者成为一个有情人，他所使用的教学语言才会富有人情味，才能收获来自学生的情感的共鸣，激发学生们感同身受的“同情”。教育者如同播种者，撒的种子类型越多，那么收获的果实品种也就越多；同理，教育者自身角色的定位越丰富——说理者和有情人，使用的教育语言越多元——理智的与情感的，那么他就能激起越多人的共鸣和认同。

于是，下一个环节的疑问产生——对于专职的学校道德教育者而言，如果我们内心确有真情实感，那么如何能使之在课堂教学里自然流露？用什么方式来使个人的真情实感在道德教育课堂这样严肃的公共场合得以恰当呈现？实际上，论及人的理性与感性，它们是一个完整的人缺一不可的两种心理模式，只要是个平常人，他都兼而有之。但是我们大多数人习惯了在理性和感性之间做了这样的分工与划界——把理性更多地置于公共场合、工作场合中，而把感性更多地圈定在私人事务的范围内（当然对于艺术工作者这一划分无效）。于是一个约定俗成就此形成：谁要是在公共场合或者工作场合流露感性，就会被视为幼稚、感情用事、不成熟、不合宜、不明智之举。笔者在此不敢苟同，有所谓“情之同处即为性，舍情则性不可见，欲之公处即为理，舍欲则理不可明。故君子不能灭情，惟事平情而已；不能绝欲，惟期寡欲而已”[①]。人的感性正如其理性一样，都是人与生俱来的自然产物，只要不过度不过分，不但无可厚非，而且极富价值。事实上，理性使人逻辑，感性使人灵动，理性导致深刻，感性增添色彩，若把它们放进公共场合或工作场合，那么前者把握好规则性，后者有助于灵活性，可以取长补短、相辅相成。或许在这里对于大多数教育者而言，成为一个有情人不是一个难事，流露感性也不成问题，关键症结在于如何在德育课堂这样一个略显严肃正式的公共场合适度地表达这一份情、合理地流露感性——因而此处的难点不是感性当不当流露，而是

① （明）洪应明著，《菜根谭》，吉林文史出版社 1999 年 3 月版。

如何把握感性流露的分寸与尺度。事实上，世界上所有问题的难点莫不如此——不是此或彼、是或非，而是分寸与尺度。而这将永远是一个无法回答的谜题，因为没有标准答案——这答案从小的方面说，因场合而异、因时而异、因人而异，从大的方面说，因种族、文化、时代而异。因此坦率地说，就如何掌控在公共场合或工作场合一个人感性流露的分寸，具体地说，就教育者在道德教育课堂教学中如何保持理智与情感、理智语言与诗歌语言的合理尺度，笔者认为这终究因人而异，没办法给出一个标准答案。

尽管如此，有一点毋庸置疑，既然是“情感共鸣”，必然是发生在两者或多者之间的一种情感上的共振，那么在道德教育中，这两者或多者中必有一方应当是教育者本人，只有教育者自己有切身的感受，有深切的感动，才有可能唤起受教者的感动。换言之，那是教育者将自己的感动传递给受教育者——此处，教育者不只是一个站在大屏幕前解释理论推导过程的第三方解说员，他的“自我”必须“在场”，必须“参与”。在笔者担任高校德育教师之初，一位前辈曾指点：“文科老师在教学中当有自我生命的注入”——这里就是笔者所说的自我的“在场”。换言之，对于一位道德教育工作者，当他说到“道德情感”时，他不应当只是在谈论一个无关自我的概念。情感不是公式，不是可以用条条框框能够廓清的观念或理论，它只能以心传心，用灵魂唤醒灵魂。所以在涉及道德情感或道德信念时，教育者若能有适度的自我心迹的真诚袒露，那么这就是在主动地创造“情感共鸣”的条件——因为教育者自我情感的震荡往往会在不知不觉中激起层层涟漪，很有可能它将波及受教育者的内心世界，即便不是全部受教育者，有少数几颗心若能发生共振，也是具有非凡价值的——或许这次共振不经意间为某一个受教育者当下低落的心情提供了一点正能量；或许为他正在困扰的一个道德困境开启了一个灵感；或许他将是下一个孔子、甘地、爱因斯坦……而他今天从你那里所感受到的点滴真善美将会福泽后世，千秋万代……当然，这是不可预期的，但是这样的可能性是多么美好，多么值得我们去尽心尽力创造和营建。

那么具体当如何操作呢？一个建议是，教育者在道德教育实践过程中多用案例，多用实际发生过的具体事件——事件越具体切近，越容易引发深切的感受和深远的思考。因此教育者在选择具体道德事件时，最好舍远求近，不妨采用自己曾亲身经历过的事件或发生在自己身边的生活故事或者自己曾深受感动的实例，因为故事与教育者本人关系越紧密，教育者回顾时就越真切，陈述时就越流畅自然，于是自我情感的呈现也就会跟着越发真实不做作，从而更加贴近受教育者的心，更易于激发他们身临其境的想象力，由此促成感同身受的“同情”。其实在这个教育者真情流露、自我注入的过程中，一个很有趣的事情发生了——教育者的角色出现了偏移：从一个谆谆教导的师者变成了一个尊善向善的仁者；从一个多少有点高高在上的教育者变成了一个在人情世界中有所感有所悔、有所迷有所悟的“平常人”——一个普通人，不是卫道士，不是先哲，不是天才，不是道德先贤，而是一个与受教育者有着相似的人生经历，只是多了几分反思、几分自省、几分觉悟、几分成熟的平常人。笔者坚信，这是教育者最好的状态，也是教育效果最佳的前提——受教育者期待的或许是一位无所不知的老师，但是当他发现你是一个真实的“人”、一个完整的“人”、一个健康的“人”的时候，你带给他的将是一种出人意料的惊喜，而他回报你的将是一份发自内心的同情和信任。笔者现在是老师，曾经是学生，而学生时代的笔者曾因为碰见过这样的几位师者、这样的几次惊喜，至今难以忘却、心怀感恩，这也是笔者写这本书的一个内在动力。

其次，笔者在上文中提到“就信仰语言的表现手法或者说表达风格而言，如迂回性和启发性，它与诗歌语言具有很高的相似性”，换言之，诗歌语言在表现手法或表达风格上与信仰语言十分相像，相比于理智语言，它们都更善于运用象征与比喻，它们能打破存在于不同门类、不同品种、不同领域，甚至毫不相关的事物之间的隔阂，找到它们内在的相关性与连接点，以“此”言“彼”，借“力”打“力”，以这种跳脱于日常语言逻辑之外的表达方式打断人们常规的思维路径，诱使他们放下那个习以为常用以应对万事万物的理智头脑。当下换一个视角、换一条路、换一份心境、换一副眼光去看待去体悟这个自幼便环抱着我们的外部世界，去重审去回味那个与我们共处了半生的精神的“自我”——这就是神秘的诗意之魅力与奥妙——那一刻，很多东西会发生意想不到的翻转，很多情结会以一种奇异的方式得以解脱，很多时候甚至整个存在会发生震动，从此镀上一层全新的意义。所以在具体操作诗歌语言的方法上，与信仰语言相似，笔者建议教育者不妨多使用比喻手法，以此展现看似不同的两类事物本质或原理上的相通之处，比如“太阳”之与“真理”、“开花”之与“自我实现”、“白昼”之与“喜悦”、“黑夜”之与“悲伤”、“阴晴圆缺”之与“人生起伏”、“风霜雨雪”之与“生命考验”、“海豚互助精神”之与“人类同胞之爱”……一个好的比喻能在两个看似无关的对象之间架设起桥梁，发掘二者的共性，并以此为基础沟通彼此，所以它大大有助于人类突破自身思维之局限性，引领人们从各种角度去觉察世间的万象、领悟人生的真谛，甚至偶尔会瞥见那从不现身的“自然法则”或古人所谓的“宇宙大道”。有所谓“朝闻道，夕死可亦”——一旦人们的心灵与真理有过一次相遇、一次碰撞，哪怕是一刹那，那都将是生命能迎来的一场最华丽的蜕变，一次破茧而出的升华。

独特的诗歌语言——静默

这里笔者将进入一个诗歌语言的特殊领域——静默。由“此时无声胜有声”可见，中国的读书人很早以前就深谙静默的表达力量。

首先要说明的一点是：此处笔者谈及的“静默”并不能简单地理解为不说话、不表达、无话可说、寂静无声……“不说话”只是一个呈现在外的客观状态，但是静默的意蕴比“不说话”丰富和深邃得多。此处所指的静默之所以产生往往不是因为无话可说，而是因为话太多却不知从何说起，以至于“相顾无言，唯有泪千行（苏轼）”，亦或是“执手相看无语，却心事了然”；或是因为语言所涉及的时间空间之宏大或人事之华美悲壮使人惊心动魄，业已超越了语言表达的边界，竟无从“寻找沉默统治不到的地方（梅特林克）”。例如当我们言及世上每一个与永恒相关的命题——真理、无限、爱时，常常词穷，只能仰天长叹；或是因为情到浓处竟无以言表，最后发现“以沉默来表示爱，其所表示的爱最多（加尼特）”；或是话都说尽了，“余下的只是沉默（莎士比亚）”，就像“无可奈何花落去”……

静默不是空洞无物的寂静，它是灵魂深处的喧闹、挣扎与激荡；它不是翻腾在表面劈啪作响的浪花，它是滚动在海底暗流翻涌的隆隆巨响；它不是不说话，它是说不完的话、道不尽的意味；它不是太少，而是太多；它不是贫瘠，而是丰沛；它不是零，而是无限。它是语言的极简主义，却融汇了百般情愫；它是语言的高度抽象，却综合了千言万语。静默的意趣似乎与当下一句颇有哲理的流行语不谋而合“Less is more”——那是一朵即将绽放的花、一片黎明来临前的黑、一种欲言又止的静、一股厚积而未发的能量——在静默里潜藏的是无穷的可能性、刻骨铭心的情感，它孕育的是一个精神的世界，酝酿的是一场灵魂的风暴。

就像“休止符”不是音乐的对立，而是音乐不可或缺的一部分，它被赋予了“戛然而止”的使命，这是音乐本身的需要，是其他任何音符都无法替代的；同样地，静默不是语言的对立，它是一种无声的语言，虽然它以这样的方式始终保持低调，但是它永远是语言家族中一位重量级的成员，蛰伏于静默之中的那股潜能与力量是任何有声的语言难以解说、无法翻译的，所谓“雄辩是银，沉默是金”大致如此。所以静默不是不表达，它是一种表达的特殊形式，是一种另类的言说，有时可说是一种伟大的表达——它不用振动声带去说，所以它也不是靠耳朵来听；它用“心”说，所以它也需要我们用“心”去聆听、去领会。静默制造的不是无声，而是在召唤和邀请一种深层的倾听——对他人未表达之心声的倾听，以及对自我内心在这一静默中荡漾起的回响的倾听。而无论是对他人或自我“心声”的倾听实质上都可以被看作是道德的起源。

笔者之所以将“静默”归在“诗歌语言”之下，因为这两者有着本质上的共性：首先，与理智语言相比，两者都偏向于感性，分享方式往往是精神上的共鸣，并依凭着“以心传心”由己及人、弥散开去。其次，两者都具有一定的模糊性和开放性，因而容量同样惊人，都容得下无穷的解读，而且相形之下静默的容量比诗歌语言还要广阔得多。再次，两者的实践都不可能找到什么有效的、可以因循的标准化“操作守则”，都必须因时因地因境因人而异。最后也是最关键的，静默本身就充满了诗意，可以说，诗歌未必是静默的，但静默已然富有诗意。

无论是静默还是诗歌语言，通常给我们大多数人的感觉是“似乎什么也没说”或者至少是“没说什么有用的”——没头没尾、不声不响、不置可否……这样的语言不提供我们一直以来习惯于预期的那种确定性，某个众望所归的标准答案，一个可以立刻付诸于实施的方案，它需要的是我们每个人用自己的生活、历史、思想、想象力去分别揣摩、各自领悟，它是那么细腻丰富、复杂立体，它拒绝简单粗暴地给所有人一个千篇一律的回答，它不提供一个虚假的皆大欢喜的统一。人的感性是个如此多姿多彩的世界，又怎么可能一语道破？谁又能一言以蔽之？静默也好，诗歌语言也好，是为人类的感性世界度身打造的，它们的模糊性不是因为它们在遣词造句上无能，而是源于对人类五彩缤纷的情感世界之真相的尊重和热爱。而作为人类感性世界的一支——道德情感——亦如人类其他的感性需求，比如“审美和生命的意义等，无法用科学来阐明，也不能用理智语言来表达。它们如果能被表达，那么它们只能通过诗歌或艺术的形式间接地被表达为一种主观的或神秘的洞见”[1]。不论我们是否愿意承认或接受，情况就是这样。

---

① Stuart Richmond，Simon Fraser University，Canada，“Understanding Works of Arts，the Inexpressible，and Teaching：A philosophical Sketch”，quoted from《International Journal of Education & the Art》，Retrieved from http：//www.ijea.org/v11i1，p.2

形体语言

正如上文关于“信仰语言”“诗歌语言”以及其中特殊的一支——“静默”，笔者均在开篇之初就它们的外延与内涵作了一些简单的廓清，并在力所能及的范围内对可能产生的理解上的混淆作了一些必要的澄清。在此，形体语言亦复如是，在笔者对它进行微观考察之前，有几点需要说明。

首先，相信很多读者看到“形体语言”时，会将它与我们常说的“肢体语言”等同起来。但事实上它们在内容上不尽相同，笔者对我们即将探讨的“形体语言”的界定是“肢体语言”与“形象神态”的综合。换言之，它不仅仅包括了一个人的言行举止、坐立行卧等肢体活动，还包括了这个人的仪表、神态、表情、语气语调等溢于言表的精神气质；它不只是一些微观的手势、动作、姿态的呈现，也是一个人通过非语言的表达形式弥漫于周身的、呈现于外的一种宏观气象。因而笔者认为“肢体语言”不同于“形体语言”，且相较于后者略显狭隘。

其次，“形体语言”很容易使人联想到我们在特殊教育中普遍使用的一种肢体表达方式——“手语”。毫无疑问，它是一种极其重要且具有相当普及程度的世界性形体语言。然而由于我们此处集中讨论的是一般性的大学道德教育语言，再加之笔者对“手语”的认知和了解十分有限，所以接下去的讨论中我们所指的“形体语言”与“手语”关系不大，而是侧重于一般意义上的“肢体语言”和“形象神态”。特此予以说明。

再次，从一般性的形体语言的意识状态看，它可以分为两类：有意识的和无意识的。就笔者对二者的了解和剖析，二者有如下一些差别：

（1）有意识的形体语言是可以编排设计的。比如戏剧表演中的肢体动作、公开演说时使用招牌动作、交警指挥交通时的规范手势、乐团指挥在音乐会中挥动指挥棒……而无意识的形体语言则是不由自主、不知不觉的，所以是难以提前准备、不可预测、无法演练的，而是溢于言表、自然流露。比如思考问题时人们习惯于用手支着下巴，或者疲惫或无聊时我们会哈欠连连……

（2）有意识的形体语言一般是有明确目的性的。比如戏剧表演中的肢体动作是为了强化剧情，从而吸引观众的注意力，公开演说时的招牌动作是为了创建演说者的个人标识以使人印象深刻，交警的手势是为了维护交通有序、道路通畅……而无意识的形体语言因为不是表达者故意为之，因而常常目的性不明朗。比如人们谈到自己的得意之处时会忍不住扬眉毛，或者见到自己的心上人时会满目柔情——这些姿态或动作皆是无心之举，不存心机，事先也无所谋划，因而不包含什么刻意的目的在其中。更有趣的是，无意识的形体语言虽然不带有明确目的，但是很多时候恰恰会在不自觉中暴露表达者试图遮掩的东西，反倒破坏了他最初之目的。比如俗话常说的“做贼心虚”正是如此——做贼之人的胆怯心虚不经意间会流露于他无意识的形体语言中，会在无声无息中泄露了他竭力掩盖的本质，出卖了他不可告人的秘密。常言说的“若要人不知，除非己莫为”某种程度上也是在告诫世人：无意识的形体语言的表现力不可小觑，即使我们严防死守、时时警觉，仍是防不胜防，因为人难免总会有“不经意”的时候，而就在一个人疏于防范的那些片刻或间隙，它们会趁虚而入，暴露真相。

（3）有意识的形体语言可以是局部性的。比如以某一个特定的手势来强化演说时的现场效果，就像演唱会上歌手在舞台上张开双臂，对着观众振臂挥舞常常是在发出邀请，邀请观众加入这激动人心的音乐热浪等；或者以某种必要的眼神来凸显舞台上某个人物的个性特质，就像大小眼、高低眉可以夸张地表现一个人阴暗的心理，引来观众的不适感等。而无意识的形体语言则是一个人从头到脚、由内而外的整体性存在的一种显现。它不只是一个眼神，而往往匹配以相应的面部表情、身体肌肉的紧张程度、手脚摆放的姿态等，一发而牵动全身，体现的是那一刻这个人的心理状态或综合气场，有时甚至可以依此而勾勒出一幅这个人此时此地的精神肖像。就像我们所熟悉的人物雕塑或者人物肖像绘画等艺术形式恰恰就是建立在这样一种对某个人瞬间形体语言的捕捉和定格上。

由于笔者一直尽力避免使当下的研究走向一种对刻意造作或有意识的表演技艺的探讨，所以在这一章节中，无意识的形体语言将成为笔者讨论的重点。或者说，在以下文本中笔者涉及的“形体语言”若不做特殊说明，指的即是一种“无意识的形体语言”。

最后，之所以笔者将形体语言作为研究的一大重点，全在于它在社会交往、家庭交流、课堂教学等一切关乎人际往来的领域中是那样易于被忽略被轻视的一个元素，而事实上它的重要性超乎想象。我们一般以为良好交流的基础是对话与倾听，换言之，就是语言，是你来我往的言语交流——“你说，我听；或者我说，你听”。所以我们习惯于把言者的逻辑性与口才、听者的理解力与耐心作为人际交往顺畅的重点以及制胜的法宝。当然，一个人通过语言的确能表达很多，但事实上，他不言不语时也是在表达，而且往往表达得更多。当他言说时，他在用头脑和口舌表达；而当他不言语时，他在用全身表达——他的一颦一笑一皱眉、抱头托腮眼波流转……其中，无一不是一种表达，而且无形中表达得更全面更深刻更内化。比如当一个人深陷痛苦时，我们对这种痛苦的深度与强度的认识不一定是来自于他的口头陈述或哭天抢地，而是来自于他眉宇间的绝望、面部肌肉的激烈抽搐、不可控制的身体颤抖、眼神中降至冰点的冷冽、精神活力上的沉郁、生命力的极度疲惫……这些东西更能激发我们的切身感触，进而感同身受、深有领会。心理学家赫拉别恩曾提出一个这样的公式：信息传播总效果 =7% 的语言 +38% 的语调语速 +55% 的表情和动作。[①] 由此可见，形体语言在人与人交流的过程中直接地或间接地承担了五成以上的信息传递功能。不论我们是否意识到，从上述公式呈现的信息传递的效果看，即使我们把它称为人类“最重要”的表达方式也不为过。

① 周增文编著，《肢体语言的心理秘密》，北京工业大学出版社 2008 年 10 月版。

形体语言的特点与优势

形体语言的接收诉诸于人的直观性

理智语言的接收诉诸于人的反思性

一般来说，我们的形体语言可以分为以下 6 种：

（1）广域信息

包括我们的举止和身体摆放的方式。

（2）身体语言

用身体躯干在我们沉默无语时表达的情感。

（3）微观动作

手指、鼻子等微观部位做出来的动作，小到瞳孔的放大与收缩。

（4）面部表情

（5）空间行为

你与别人的距离。

（6）触觉

拥抱、握手、接吻等接触性动作[①]。

---

① 周增文编著，《肢体语言的心理秘密》，北京工业大学出版社 2008 年 10 月版。

此外，它还包括了如形象气质、衣着服饰、语气语调等略显边缘性的内容。由此可见，形体语言总体来说无需言语，而我们对形体语言的接收与理解也不像我们对理智语言那样依赖于我们的逻辑思维或理性反思，而是依赖于人们的感性直观——大多数情况下，主要是视觉上的“看”，比如我们能通过一个人眼神中的游移闪避看到一个人的言不由衷、三心二意，或者是通过一个人急迫地敲击书桌或频繁地低头看表看到这个人的焦躁不耐，即使他什么也没说；有时我们对一个人的形体语言的感性直观则是基于一种混合着“看”“听”“触”的综合把握，一种对当下整体气氛的敏锐感受，一种类似于直觉的洞察力。在这里笔者想到了奥地利作家斯蒂芬·茨威格曾使用的一个词，用于这种情况颇感贴切——一个人的“精神的嗅觉”。比如，总有一些人给人的感觉是一团如此温暖的存在，即使他沉默不语，他的举止风度、看人的眼神、听人说话时的姿态、表示赞同的一个微笑，行走时的宁静柔顺总能使他在所有空间像花一样盛开；与此类似，也会有一些人给人的感觉始终彬彬有礼、谦和有礼，但是却充满冷感，不知不觉中仿佛形成一层隔膜，给人一种格格不入的距离感，让人难以亲近。如果我们仔细去分析他待人接物的具体的动作行为，或许我们并不会发现与前面谈到的那类温暖型的人有多大差别，但是作为接收者，我们无法否认，我们从他的形体语言中接收到的就是全然不同的一种信号，产生的也是截然相反的一种感觉。所以，形体语言的最大特点也是它最奇妙之处就在于它的表达与接收都基于人的感性直观，而这种感性直观是非语言的、非逻辑的，并且常常是无意识的。

这里，需要解释一点：上文中笔者曾提到形体语言有时体现为一个人的语气语调，那么有一些细心的读者或许会产生这样的疑问：语气语调不是以语言为载体的么？没有语言，又何来语气语调呢？如此，“形体语言是非语言的”这一结论是否片面？在此，笔者有必要加以简单说明，语气语调并不一定需要依赖于人的语言，它们可能只需附着于一个原始的声音、一个前语言时期的动物性的嗓音，就像初生婴儿的啼哭、小动物饱暖后发出的一个不自觉的咂嘴、人痛苦时的呻吟——它不涉及语法、词汇、含意……同样，这里笔者所指的语气语调具有相对的独立性，不一定需要依赖于我们常规意义上所指的“语言”，它们可以只是基于一声本能式的“唉……”“啊……”“嗯……”，但是作为听者的人却也能解读到其中的一些意味，时而惆怅，时而无奈，时而惊讶，时而沉思……人们不是通过解读这个词本身的含义获得这种理解的，而是通过他们所感受到的包裹在这个词、这个声音之外的那层情绪、那圈氛围，发声者无意识中投射在其中的那个神情、与之相配合的一系列动作姿态……

形体语言是一种存在性表达，
具有较少欺骗性（可信度更高）
理智语言是一种逻辑性表达，可以是精心编撰的

首先，让我们设想一桩谋杀案中的被告明知自己有罪，但又竭力想证明自己无罪，以此逃脱法律的制裁，这时他处于一个成败在此一举的巨大压力之下。他必须通过缜密的思维逻辑性精心编织设计他的证词，尽可能使之滴水不漏、无懈可击。同时，在他谎话连篇的过程中，他必须配合自己的谎言做出相应的身体动作。那么问题

出现了：这是否可能？假设他能控制他的言语，那么他能控制好自己的身体、神态、眼神及其它吗？“回答是，他能控制身体的某些部位，但不能同样有效地控制其他部位。凡是在他的日常生活中他能充分意识到其动作的那些身体部位是容易加以控制的”[①]。但是他必定会忽略一些无意识层面的细节——比如呼吸的节奏、眼神中的凌乱、腿脚的晃动、身体无形中的摇摆、手时不时摸鼻子（我们很多人知道当一个人说谎时很容易因为生理的或心理的原因用手去摸鼻子[②]）……而正是这些方方面面、无孔不入的细节会体现在一个人的形体语言之中。这个人即使保持高度警觉，依旧难免百密一疏，一不小心露了马脚。我们的形体语言就是这样在用它全方位无死角的方式自我剖明，某种程度上也就是自我暴露。

由此或许会引来这样一个大家可能感到好奇的问题：“一个人是否有可能伪装自己的身体语言？心理学家的回答是‘不能’……肢体语言大都是发自内心深处，

---

① 〔英〕德斯蒙德·莫里斯著，刘文荣译，《看人——肢体语言导读》，文汇出版社 2008 年 1 月版。

② 这个方式据说是纠正当年判断美国前总统克林顿作伪证的重要依据。

极难压抑和掩盖。例如，做了亏心事或偷了东西的人总显得心神不定、六神无主或鬼头鬼脑；听到好消息时，脸上总要露出笑容；听到批评时脸色总会显得很不自然；说谎时总怕看着对话者的眼睛；激动时总要手舞足蹈；发怒时总要青筋暴起，或双拳紧握、咬牙切齿……只有肢体信号才能暴露出一个人的真实思想……研究者认为：在语言的表达中，一种渠道的可靠性与对它的自觉控制力的大小是成反比的。在所有的语言表达之中书面语言是最有时间推敲和修改的，因而也就可能是可信度最低的一种渠道，也是最容易撒谎的一种方式。口语可斟酌和修改的时间要少一些，自觉控制的机会相对少一些，因而可靠程度就可能比书面语大一些。当然，口语也有足够的余地让人撒谎。至于肢体语言，往往最不易有意识地控制，甚至完全在无意之中就露了真相，因而可靠性也就最大。”[①] 由此可见，即使我们万般留心，我们的绝大多数形体语言仍旧是出自我们的无意识，它常常脱离于我们的理智掌控之外，不自觉间就会表露为

① 周增文编著，《肢体语言的心理秘密》，北京工业大学出版社 2008 年 10 月版。

一个动作、一种姿态、一个表情、一个眼神……即使我们保持高度警觉，仍然无济于事，这时甚至连我们的这种警觉本身也会化作某一个特定的形体语言的信号而表现出来，比如快速的转眼珠，嘴角肌肉的微颤等。事实上，不论我们怎么躲避，我们的形体语言最终还是会泄露我们的秘密。

所以，形体语言不似理智语言，后者可以是经由人的大脑一力构建的一个虚拟世界，它是可以分解、可以编排的。换言之，若是单凭书面的或口头的语言，一个有着强大逻辑能力的大脑足以编织一个天衣无缝的完美谎言，然而一旦形体语言介入其中，无可指摘的说谎几乎成为不可能。因为形体语言由人的内心波动所主导，就像电脑显示屏上的信号由电脑主机决定，主机里的变化会在显示屏上得以显示。同样的道理，一个人内心的变化会在他的形体语言中得以表明——大脑或许可以控制我们的一切，但控制不了我们的心，因此也控制不了随心而致的形体语言。同时，形体语言贯穿一个人的通体上下，从他的手脚姿势，到他的身体摇摆，到他的脸部表情，到他眼神转变，到他呼吸的频率速度，这些信号无时不在，随处可见——大脑无法做到时时处处、面面俱到严加掌控。如前所述，自觉意识偏强的人一般可以掌控自己的意识层面，却几乎没有人能掌控自己的潜意识与无意识领域，而人的形体语言恰恰泄露的就是藏匿在我们内心最深处的那个潜意识和无意识世界中的真相和隐情，它很少骗人。

我们通过理智语言表达的是一种理论，而我们通过形体语言表达的是我们自己；我们用理智语言展示的是“我们应该如何思想，如何行动”，而我们用形体语言展示的是自我真实的存在。理论是可以构建的，而我们本质上是什么人最终是难以掩饰的。理智语言可以传递一种已成形的、既定的思想结论，形体语言则是一面映射人心的镜子，它表露的是一个人此时此刻的活生生的感受或情绪。理智语言表达的是别人、是主流或者是某群“他们”（他们可能是哲学家、数学家、大师、名人或者社会主流、很多人等等），形体语言表达的则是“我”——一个面对孩子的母亲、一个面对母亲的孩子；一个面对老师的学生、一个面对学生的老师……——形体语言反映了一个单独的人、一个独立的个体、这个此时此刻的“我”的真实思考、真实心情、真实的表态，这种基于形体语言的无声的表态往往比口头表态更加透露一个人真实的内心世界，因而也更加真实可信，比如皱着眉头说“愿意”；哭丧着脸同意……这样的例子不胜枚举。

形体语言相比于其他类型的语言，是真正通行于各种文化的世界语言

不可否认，由于文化上的差异，各地的形体语言往往会有所不同。比如在中国送客时我们惯用的扬手往外扇的礼节之举，在希腊就是一种具有侮辱性的“快快滚蛋”的形体语言；或者在一些国家用餐时或餐后打嗝表示一种心满意足，是对主人的变相赞美，然而在绝大多数其他国家在任何时候不加掩饰的打嗝都是一种不雅之举，应尽量克制与避免……但是笔者相信，尽管形体语言因为时代、文化、种族、年龄、性别等诸多元素而存在着显著的差别，然而就一些最基本的人情世故，比如喜怒哀乐、悲欢离合等，人性大体相通，情感大致相似，因而形体语言相应地也是大同小异。当一个人目睹一些

可怕的事情，就会情不自禁地掩面；看到自己钟情的人，会不由自主地脸红，眼中会不自觉地脉脉含情，脸部线条表情会格外温柔；沉思时会托腮，眼神会望向低处；构想未来时，我们会抬头，目光指向远方；纠结困扰时，我们会皱眉，有人会咬指甲；害怕恐惧时我们会肌肉紧绷……这些形体语言的共同点是超越了前面所罗列的种种客观因素干扰的，不论是男女老少、黑白黄红各色人种都在无意识中普遍使用着这些形体语言的表达方式。即使我们分属不同的国度，彼此语言不通，要读到他人眼中的悲伤，或者看懂他人溢于言表的欢乐，或者感应到他人举手投足里的愤怒不满，也并非什么不可能的难事。正因为我们作为人，有着相似的七情六欲、有着相似的生老病死，对生离死别有着相似的体会，对悲欢离合有着相似的感受，所以我们用以表达这些情感与情绪的形体语言即使有区别，也是相差无几。而且，形体语言无需语音、语法、语意的支持，无需区分中文、英语、法语，所以说，它堪称是真正通行于人类生活领域的世界语言。事实上，很多时候形体语言的这种普遍适用性甚至突破了人类世界的边界，那些与动物保持长期友善关系的人们常常会在一只小猫小狗、一个小乌龟、一匹马的眼睛里、举动中发现与人类相似的情感牵绊。

其他语言，诸如理智语言、信仰语言以及诗歌语言，经过翻译当然也可以成为世界性的，就像那些真正伟大的诗歌就是超越国界的，什么人都能在其中读到“自我”。然而，与形体语言的直观性相比，翻译使得上述几种语言在传递过程中无形中变得间接并因此而变得不完整。语言之间的翻译就像是一层滤网，它会过滤掉一些东西，而且过滤掉的总是那些最具乡土气息，也最俏皮逗人的东西。每一种语言都有属于自己的一种个性、一种表情、一种神态、一种气氛，因而任何一种语言在被翻译的过程中都会丢失掉一部分色彩，而且丢失的往往就是那部分最精彩动人、玄妙传神的神韵和意趣。相形之下，形体语言在不同群体间传递过程中流失的内容最少，保留了最多的原汁原味。

在所有语言中，其他语言长于“言传”，唯有形体语言最能担当“身教”之责

形体语言大多数时候是附着在其他语言上的一个配

件，是一个补充性说明，就像文字的示意图。正因如此，它常被视为表情达意的次要部分而被忽视。人们对文字和语言的依赖性常常使得我们把更多的注意力聚焦在“说什么”而不是“做什么”；看重的是言说者“是否讲出真理”而忽略了他实际上“是否活出了真理”；相应地，我们的教育也常常重“言传”而轻“身教”。可是，对于人文类学科的教育教学工作来说，最有价值的事情莫过于实践《道德经》所推崇的“行不言之教”，因为评判道德教育实效性的最终标准毕竟不是“听其言”，而应是“观其行”——德性是否在一个人的精神土壤里生根发芽、开花结果最终毕竟还须体现为“一种选择的品质”[①]、一种以身载道、践行道德的实际行动，所以在道德领域，“言传”的意义远不及“身教”。

那么在道德教育中，“言传”自不必说，“身教”又如何可能？回答是：形体语言堪当此大任！当一位道德教育者在道德教育的现场谈论与道德相关的案例或者社会故事时，言语之余，他的形体语言会以一种无声的

① 〔古希腊〕亚里士多德著，廖申白译注，《尼各马可伦理学》，商务印书馆2004年版。

方式精准地表露他自己实际上对是非的真实看法、对曲直的真实判断、对善恶的真实态度——这其实就是一种无意识的“身教”，而这种无意识的“身教”最具教化育人的效果。如果这位教育者心存浩然正气、胸怀悲悯大爱，那么他的眼神表情、举手投足不知不觉中会有所流露。而这种毫不造作的形体语言自然而然会为他赢得听众的信任，进而在听众中唤起一些类似的情怀——这时，这种“身教”无意识间便成为了一种与我们的“道德言传”相匹配的正面教育。然而如果这位教育者只不过是在谈论各种事不关己的道德主张、伦理原则，而平时在自己的选择与行动中则完全无视它们，不身体力行；如果他天天谈论以诚待人，实际上却安于说谎；如果他能精确无误地论证无私奉献的意义，自己为人处事却自私自利，那么即使他把道德原理讲得头头是道，“言”与“行”、“表”与“里”、“真”与“假”在他身上的分裂也会通过他的形体语言一一呈现出来，于是这时的“身教”便成了一个生动的反面教材，向我们诠释什么是“伪善”。此外，一个道德教育者课上课后与学生沟通时的眼神、表情、态度、作为；他在回复学生邮件时字里行间透露出的情绪、语气语调、心境；他在面对学生诘问时的风度、举止、修养；他沉思伦理问题时真诚与否、郑重与否，是否为他人着想，能否对他人的苦难将心比心、设身处地……正是形体语言在日常交往过程中那些常常被人忽视的细节最能一五一十地勾画出一个人最逼真的精神肖像，真假、善恶、美丑……形体语言能图解一个人的内心世界，将我们看不见摸不着的那些精神信息变成我们可见可感的情节，那些情节串联组合起来便是一个人内心世界的真实写照。而不论这个人是否意识到，他的一举一动都在表达着他对道德、对人生的真实看法，不论他是否愿意，某种程度上，那都是一种“身教”，教的或许是他想要教的，或许是他想要尽力掩饰的，或许是他自己都没有意识到的……在日常生活中、道德教育里，这种最直观也最有说服力的“不言之教”最能由形体语言一肩担负，文字和语言或多或少可以虚构或编造，而形体语言却是通体弥漫、无处藏匿的，它的真实性就是它的力量——这是一种超乎语言之上的“身教”力量。

形体语言与道德的契合点

一个人的道德品质就像一颗埋藏在他的精神土壤深处的种子。要确知那是一颗什么样的种子，与其听信他本人对外的宣称，不如静观其变，看看它发芽开花之后结出的是什么样的果实，这果实便是他临事时的实际行动和日常生活中具体的取舍选择——“当他了解到与某一境况相关的全部事实、并面对行为的各种选择性方式和对‘我将做什么’这一问题的各种选择性答案之间做出选择或决定时，他实际所相信的行为原则就会显现出来”[①]——从中我们不难发见他为人处世的最根本的信念是功利，还是道德。所以一个人的形体语言是一个人真实人格的第一显示屏，他自身的道德品质、境界修养都会透过他实际的形体语言外露显现。

由此，让我们回到道德教育这一主题，我们可以想象如果一个道德教育者在课堂教育过程中无意识间自然流露的形体语言与他的理智语言南辕北辙、背道而驰，他的言

① 〔英〕理查德·麦尔文·黑尔著，万俊人译，《道德语言》，商务印书馆 1999 年 1 月版。

行常常出现不相吻合的裂痕——比如他在此刻言之凿凿地说明“真诚”的重要性，却在下一刻实际与人交往时表现得虚伪狡诈，或者他在强调“己所不欲勿施于人”的伟大价值，遇事却从不为他人的处境着想——那么我们的耳聪目明的学生们，那些同时兼作听众和观众的心智敏锐的年轻人们，会做何感想呢？他们会更倾向于相信这位教育者哪方面的教育呢，是他的“言传”还是他的“身教”？

一个人表里不一、言行相悖本身就是对光明磊落、胸襟坦荡的违逆，即使我们可以设想在一些非常情况下人们或许不得不暂时采用这一权宜之计，但这终究不是一个道德事件。因此，一个不磊落的教育者怎么去有效地教导他人磊落？一个不真诚的教育者怎么去培养一群真诚的学生？表里不一如何去启发表里如一？虚伪如何去唤醒诚挚？道德教育与科学教育有所不同，科学知识可以独立于科学教育者而存在，而在道德教育中，道德理论和教育者本身的人格品行是不可分离的，它们一定程度上是融为一体的。道德教育本质上是这样的一个互动过程：以教育者自身的人格品行为起点，借助于教学语言和形体语言这两种途径，开启受教育者的精神世界，唤起他们的道德情感、激活他们的道德信念，并使之最终落实为他们的道德实践；同时，受教育者会将课堂上习得的道德理论去反观和对照教育者的言行举止，比对之下，合则信服，不合则嗤之以鼻。在这一过程中，道德理论的传递只是整个道德教育体系的一个环节，而且远不是最重要的那个环节，它不能单独离线操作，因为再完美的道德理论仍是死气沉沉、缺乏活力的，只有当它与教育者生动鲜活的形体语言相结合时，它才能获得完全的力量和可信的价值，否则它只是一本大家都敬而远之、一笑置之的教科书罢了。

形体语言与道德、与道德教育有着密不可分的联系，甚至可以说，道德的品质、道德教育的效果，最终必当以形体语言的方式予以呈现、得以落实，道德素养归根到底不是一个语言的告白，而是一种行动的表达。

形体语言在道德教育实践过程中的操作方法

之前笔者提到，此处我们涉及的形体语言不是刻意造作之举，而是一种不经意间的自然流露，因而这一节我们讨论的主题实际上是“无意识的形体语言在道德教育实践过程中的操作方法”。这样一来，一如上文中“信仰语言”“诗歌语言”“静默”在道德教育实践过程中的操作方法那些章节里所出现的悖论，对“无意识的形体语言”实践方法的探讨也又一次陷入了相似的尴尬境地——所谓“实践方法”就是一种方法论上的研究探讨，而这种研究探讨本就基于我们理性的深度剖析和主动的揣摩效仿，即这是有意识的、专程的、刻意的。那么以这样的专门的章节有意识地讨论如何实践无意识的形体语言，是否矛盾？这样的无意识的形体语言的实践是否可能？又该如何操作？笔者认为，不矛盾并且可能。首先，深入的剖析可以带来清醒的认知，而对于形体语言在道德教育中的实践方法的讨论能使得长期处于昏昧角落、饱受冷遇的形体语言得以见光并受到应有的重视；其次，发起一个讨论的动机可以有很多种，大致可分为“恶意”与“善意”两个方向，对于形体语言在道德教育中实践方法的讨论也有可能指向两个不同的结果：对形体语言更专业的造假，或者，对形体语言更清醒的自觉和更审慎的判别——前者指向对形体语言的编排设计，即诉诸于演技；后者指向对形体语言的更深刻的领会，于人会更具判断力，于己则更多自省。笔者意在后者。

那么回到实践方法，在德育理论课教学中，作为教育者，我们当如何有效地避免形体语言的造假，而更巧妙地激发自我发自内心的形体语言？笔者推荐的方法是：在道德教育现场进行“道德情境的重现”，即把那些打动人心的具体道德事件在教育过程中尽可能真实地予以还原并使之在课堂里得以重现，在这个道德情境的重建过程中，教育者往往会一边营建一边融入，情不自禁地“入戏”而成为“剧中人”，进而他的形体语言会在无意识间配合着他内心的真实情感涌现而出。

在这里，笔者作为一名第一线的道德教育工作者，有一个心得体会：教育者在选择具体道德事件时，尽量选取自己亲身经历过的、曾深受感动的、看似平凡却意味深远的小故事，往往效果最佳。我们知道，在教育过程中，教育者的语音语调或形体动作越是自然就越真实可信，对受教育者也就越具有感染力，而唯有当言说者自己也置身情境之中，唯有当他切实感同身受到那一份悔恨、感恩、不忍心时，他才会像描述一件自己正在切身经历的事件那样调动起自己全身上下的表达细胞，用他整个的存在来表达，这个时候语言就不只是无关痛痒的事实陈述，而会变成真心实意、有血有肉、充满生命体验的传情达意了。于是，感染力不知不觉中产生了。因此在选择重现道德情境的具体事件或故事时，故事与教育者本人关系越紧密越好，最好是亲身经历，这样教育者思及它时就更能沉入其中，表达起来就会更富有现场感，更投入真情实感，而真情实感会在无形中化为他的语音语调，带动他的举手投足，而恰恰是这些配合着语言的无意识的语气、眼神、姿态所折射出来的情感细节最动人，最能引起他人情感的共鸣，在道德信仰和道德情感的培养过程中，效果令人欣喜。当教育者向受教育者复述那些打动过他的身边的道德故事时，由于故事的亲切，他自己不自觉中也会幻化为故事的一部分，因而他自己也将成为真正打动受教育者的重要一环。

结 语

通过上述文字，笔者在自身知识与经验的范围内阐释了以信仰语言、诗歌语言（包括静默）以及形体语言为代表的非理智语言，相比于我们所惯用的理智语言，在道德教育中所具有的特点优势、与道德教育的契合点以及在教育现场实际操作的方法。在本研究告一段落之际，有几点再度重申：

笔者之所以将研究的重点聚焦于非理智语言（non-rational expressions），一再强调非理智语言在道德教育中的特殊意义，并非是对理智语言的重要性的否定或淡化，它们之间不能被简单粗暴地理解为对立关系。它们是两种不同的表达方式，而它们的差异恰恰造就了它们彼此之间取长补短、相辅相成的可能性。打个比方，道德教育就像一所大房子，理智语言就像是房门，它是重要的，因为它是出入房子的最主要通道，但有了房门还需要有窗户，而非理智语言如信仰语言、诗歌语言以及形体语言就像是房子里的那几扇窗户，阳光可以透过它们化作更多角度的光线照进房子，在有了房门的基础上使整个房子更敞亮更通透。“真善美”在此如同那阳光，理智语言在表达“真”的方面或许具有与生俱来的优势，但是诗歌语言在表达“美”的方面却也具有同样得天独厚的才能，而当“真善美”成为一个形而上的超越性信仰时，信仰语言便是表达它们的最佳方式，其他语言无出其右。不可否认，理智语言凭借其精确性、逻辑性和清晰度成为了当前道德教育语言体系的主体，但主体并不意味着唯一，单单有主体也不代表已达充分，只有当作为主体的理智语言（rational expressions）与作为辅体的非理智语言（non-rational expressions）相互配合，主体得到辅体的合理补充，相辅相成，道德教育的语言才能真正变得全面和完善，才能在教育过程中更完整、更通透、更从容地传递有关道德的各个向度——信仰、理论、情感与德行，才能从一种语言的科学升华为一种语言的艺术，富有美感、热情和光芒，打动人心，深入骨髓。

所以本书的关键不在于追究在道德教育语言系统中理智语言与非理智语言孰轻孰重，而在于不但要认识理智语言的重要价值，同时要看清非理智语言不可或缺的优势和作用，进而在辨明真相的基础上使两者合理分工、密切合作、各司其职、各尽其能，相得益彰。如上文所述，道德教育不应当仅仅只是道德理论的教授，还应当包括道德信仰的启蒙、道德情感的培养以及道德实践的激励，惟有这几个方面加以综合教化，才称得上真正完整和全面的道德教育，才能期待收获更根本也更久远的教育成效。鉴于非理智语言对人心与人生可能具有的敏锐的穿透力和巨大的感染力，笔者以为它值得教育者给予更多的重视与更深入的探索，而在道德教育中对非理智语言的合理借鉴和恰当运用也将成为提升当前我们的道德教育之实效性的一个关键性的尝试。如能对更广泛意义上的社会教育有所启发，笔者将深感欣慰。